DIÁLOGOS SOBRE «DIOS»

CRÍTICA RACIONAL Y
CONVICCIÓN DE FE, ATEA Y CREYENTE

Javier Madrazo Lavín
Jesús Martínez Gordo
Alejandro Sota Aira
Manuel J. Tello

P P C

A Juan María Uriarte, nuestro amigo común,
que siempre mostró interés por este tema
y quien, por pocos días, no ha podido disfrutar del libro.

Diseño: Pablo Núñez / Estudio SM

© 2024, Javier Madrazo Lavín, Jesús Martínez Gordo,
   Alejandro Sota Aira, Manuel J. Tello
© 2024, PPC, Editorial y Distribuidora, SA
   Impresores, 2
   Parque Empresarial Prado del Espino
   28660 Boadilla del Monte (Madrid)
   ppcedit@ppc-editorial.com
   www.ppc-editorial.com

ISBN 978-84-288-4136-8
Depósito legal: M 4379-2024
Impreso en la UE / *Printed in EU*

PRESENTACIÓN

Jesús Martínez Gordo

En el origen de este libro se encuentran algunas de las reacciones provocadas por la publicación de *Ateos y creyentes. Qué decimos cuando decimos «Dios»* (Madrid, PPC, 2019); un texto presidido por la sorpresa de la conversión al deísmo de Antony Flew, hasta ese momento el defensor más apasionado de un antiteísmo marcadamente cientifista y materialista durante la segunda mitad del siglo XX. E igualmente por los también sorprendentes tránsitos a la creencia cristiana del genetista estadounidense Francis S. Collins y del pensador británico Clive Staples Lewis, después de haberse autoidentificado ambos como ateos durante una buena parte de su vida.

Estas tres conversiones me ayudaron a recordar lecturas realizadas años atrás y no pocos trabajos publicados en diferentes revistas sobre algunos de los posicionamientos ateos y antiteístas más habituales, así como sobre la gran variedad de agnosticismos, incluidos, por supuesto, los propiamente creyentes. Siempre me ha parecido que toda persona religiosa –si realmente lo es– reconoce que es más lo que ignora *(agnostos)* que lo que experimenta y balbucea de eso que dice cuando dice «Dios». Por eso, es inevitable –y saludable– una dosis de «agnosticismo» en su discurso y en su misma experiencia, por impactante que pueda ser.

Pero, sobre todo, la conjunción de tales conversiones permitió que me percatara del motivo de tan inesperadas evoluciones del ateísmo al teísmo (Francis S. Collins y Clive Staples Lewis) y del antiteísmo al deísmo (A. Flew). En concreto, este último dejaba el antiteísmo de matriz cientifista en el que había militado hasta entonces y se pasaba al deísmo por motivos estrictamente racionales; justo lo contrario de lo que –de manera beligerante– había sostenido hasta entonces. Y tales motivos racionales eran, igualmente, los de los respectivos tránsitos de Francis S. Collins y Clive Staples Lewis a la creencia.

A partir de estas conversiones y, sobre todo, de la de A. Flew, me percaté de la importancia de retomar el diálogo entre el ateísmo y la creencia, aceptando jugar en el campo estrictamente racional, al ser el común tanto para creyentes como para increyentes. Y que esta racionalidad pasaba por reconocer y acoger la existencia de dos referencias que, compartidas por unos y por otros, podían dar pie a un renovado campo de diálogo que partiera de los datos o evidencias científico-positivas y de la razón en libertad.

Pero igualmente me percaté de que tales referencias compartidas coexistían con una incuestionable diferencia. Y que esta se mostraba en la forma de diversas explicaciones que creyentes e increyentes ofrecíamos a partir de dicha racionalidad en libertad y de las pruebas científico-empíricas que se venían alcanzando en los últimos decenios en la astrofísica, en la protobiología y en la antropología cultural.

Por tanto, un diálogo entre creyentes e increyentes que pretendiera ser fecundo y que no se limitara a exponer lo ya sabido y alcanzado hasta el presente tenía que centrarse en la existencia de estas diferenciadas explicaciones, ateas y creyentes; todas ellas supuestamente racionales y en libertad, a la vez que formuladas teniendo muy en cuenta algunas de las evidencias científico-positivas o, lo que es lo mismo, las formulaciones lógico-matemáticas con comprobación empírica –que eso son tales evidencias científico-positivas– más relevantes. Y que, por tanto, se había de primar y dar razón no tanto de las convicciones personales cuanto de las diferenciadas explicaciones a las que se prestaban dichas evidencias científico-positivas a partir de una razón en libertad.

Era incuestionable que existían otras maneras de adentrarse en este coloquio –por ejemplo, a partir de una perspectiva ética o de otra estética–, pero estos eran tratamientos que quedaban, al menos en el presente diálogo, y de momento, respetuosamente al margen; sin, por ello, dejar de reconocer su indudable importancia. Y quedaban aparcadas –insisto en ello– porque no eran las que explicaban las conversiones al deísmo y al teísmo de A. Flew, Francis S. Collins y Clive Staples Lewis ni tampoco los argumentos facilitados por determinados posicionamientos ateos con cierta proyección mediática en los últimos años, marcadamente racionales y con anclaje en datos científico-positivos.

Así pues, me dije, si muchos de los creyentes e increyentes actuales compartimos el terreno de la racionalidad en libertad y acogemos las evidencias científico-empíricas, lo que nos diferencia –e, intelectualmente, separa– son las explicaciones aportadas por unos y por otros a partir del terreno común de la racionalidad en libertad y de tales evidencias científico-positivas o formulaciones lógico-matemáticas con comprobación empírica.

Si lo que sostengo es correcto o, cuando menos, razonable, es posible reanudar el diálogo –para algunos, periclitado, cuando no rancio– entre creyentes e increyentes, centrado, en esta ocasión, en evaluar la mayor o menor consistencia racional de las diferentes explicaciones aportadas por unos y por otros a partir de esos terrenos comunes. Obviamente, había que hacer el esfuerzo de dejar a un lado –cosa que es más fácil de decir que de hacer– las personales convicciones fundadas en otras fuentes –por ejemplo, las experiencias eclesiales o de otro tipo–, fueran estas creyentes o increyentes; por lo menos en el primer tramo de tan singular diálogo.

Y fue también a partir de ese momento cuando empezó a cuajar, en forma de hipótesis, una intuición que me venía rondando desde hacía tiempo: que ser creyente y, concretamente, deísta era racionalmente más consistente que reconocerse ateo o antiteísta, al menos si se comparaba la consistencia racional y argumentativa de las explicaciones que unos y otros aportábamos a partir de las evidencias científico-positivas.

Fue tal intuición la que me llevó a recordar no solo los datos y argumentos aportados por los ateos o sus contrapuestas explicaciones, sino, sobre todo, a escuchar las alternativas racionales que los increyentes yuxtaponían a la explicación creyente –en este caso, deísta–, es decir, fundada en la sola racionalidad y nada más que en ella. Y a evaluar la mayor o menor consistencia racional de dichas explicaciones.

Una vez repasados los argumentos de las explicaciones increyentes más habituales y contrastados con los de la creyente, que brotaba del modo de proceder implementado por estos tres autores –a los que me atreví a llamar «nuevos creyentes»–, volví a percatarme –como he adelantado– de que el detonante de tan singular desplazamiento de la increencia a la creencia había sido que Antony Flew, Francis S. Collins y Clive Staples Lewis se habían percatado de que las explicaciones deísta e incluso la teísta eran racionalmente más consistentes que las increyentes –ateas o antiteístas–, ya fueran estas de matriz argumentativa azarosa y casualista o materialista bruta.

Tal es la tesis –o, si se prefiere, la hipótesis– que presidió la redacción de aquel libro. Y tal es la hipótesis que, hasta el presente, entiendo que no ha sido invalidada por otras explicaciones increyentes a partir de las evidencias científico-positivas que se vienen alcanzando en la astrofísica, en la proto-biología y en la antropología cultural de nuestros días. Más bien todo lo contrario: creo que dichas explicaciones creyentes quedan confirmadas en su consistencia racional cuando se dialoga con las azarosas o casualistas o con las materialistas brutas, las más extendidas en el universo de la increen-cia, sea esta atea o antiteísta.

El presente libro, en diálogo con un amigo anti-teísta y con otros teístas, es, pretendidamente, una reafirmación –al menos en mi caso– de dicha hipótesis, convertida, por ello, en tesis. Queda en manos del lector evaluar si tal pretensión es racionalmente consistente o si, por el contrario, es, más bien, una infundada hipótesis, posiblemente ahogada por la fuerza de las convicciones de fe, deístas y teístas, o, en el caso de la increencia, ateas o antiteístas.

1

QUÉ DICE UN ATEO CIENTIFISTA CUANDO DICE «DIOS»

Alejandro Sota Aira[1]

En el origen de este capítulo se encuentra una larga valoración que, escrita por Alejandro Sota al poco de haberse publicado Ateos y creyentes. Qué decimos cuando decimos «Dios», *él mismo se ha encargado de sintetizar para esta ocasión. Lo hace teniendo delante no solo aquella primera valoración crítica, sino también mi respuesta a sus observaciones, que se recogen en el siguiente capítulo de este libro.*

---

[1] Alejandro Sota Aira, oriundo del pueblo minero de Ortuella (Vizcaya), estudió bachiller en el colegio religioso de San Vicente de Paúl de Baracaldo. Es ingeniero industrial por la Escuela Técnica Superior (ETS) de Ingenieros Industriales de Bilbao y licenciado en Ciencias Empresariales por la Universidad del País Vasco. La mitad de su vida laboral la ha desarrollado en Petronor y la otra mitad en Babcock Wilcox. Se considera una persona crítica que intenta ser librepensadora. Sus convicciones han evolucionado desde la creencia religiosa hacia su ateísmo cientifista actual. Sus principales referentes científicos son Stephen Hawking, Sean M. Carroll, Richard Dawkins, António Damásio y Juan Luis Arsuaga. Su lema personal es: «La ciencia me hizo ateo para ser libre» (JMG).

El libro escrito por el teólogo Jesús Martínez Gordo *Ateos y creyentes. Qué decimos cuando decimos «Dios»* me parece un libro interesante y novedoso, porque se trata de la incursión de un teólogo sofisticado en las teorías científicas más avanzadas de la cosmología y la biología. El libro no es un debate más entre el teísmo y el ateísmo filosófico o cientifista, pues el autor va más allá e intenta una crítica global de esas teorías científicas, lo cual me parece una decisión arriesgada.

Esa novedad es la que captó mi atención y, dada mi pasión por las teorías científicas y mi ateísmo cientifista, me animó a pasarme el verano de 2020 centrado en el estudio del mencionado libro, hasta que elaboré una reflexión de sesenta páginas que titulé «El Dios de las transparencias». El presente trabajo intenta recoger las esencias de esa reflexión.

1. Opinión y crítica al argumento central del libro

Jesús Martínez y yo somos amigos desde niños y mantenemos una amistad sellada por el afecto. Ambos nacimos en una época de excesivo adoctrinamiento religioso. En este largo período, ambos nos hemos enfrentado a numerosas contradicciones religiosas. Jesús ha tenido que reconfirmar su fe ante ellas, y yo me he enfrentado a ellas asentándome en un ateísmo cientifista; así, la vida nos ha situado en posiciones divergentes en lo referente a la cuestión religiosa.

En ese tránsito de la fe, el autor se encontró con el filósofo deísta Baruch Spinoza, quien, agobiado por los imaginarios de la revelación sobrenatural de las Escrituras, supo esquivarlos hábilmente de manera inteligente. Considerando a Dios como origen y fundamento de «todo» conocimiento, puso al mismo nivel la «revelación sobrenatural» y el «entendimiento natural»; así, en caso de conflicto o contradicción, dio prevalencia al «conocimiento natural», basado en la consideración de que este conocimiento, también divino, estaba fundamentado en la «razón en libertad». Spinoza propuso un nuevo imaginario basado en un Dios que se transparenta como justo, misericordioso y amoroso. En este nuevo imaginario, sin las Escrituras como base fundamental de su fe, los «misterios» de la creación, de la vida y del ser humano se quedaban sin respuestas y listos para ser investigados y conocidos. Esta descalificación sin matices de lo que Spinoza entiende por «misterio» –como refugio de la ignorancia y de la ociosidad intelectual– no es compartido por mi amigo Jesús, quien sostiene que tiene sentido seguir empleándolo.

Jesús Martínez entiende que la razón que le permite a Spinoza proponer su credo a partir de las transparencias de la justicia y caridad permite también constatar, percibir y experimentar las «huellas» de lo que decimos cuando decimos «Dios» no solo en la práctica de la justicia o de la caridad, sino también en el cosmos, en la vida y en el ser humano, gracias a los progresos en la cosmología, la biología y la antropología. Por ello, considera el «misterio» como articulación, conjunción o «unidad» de lo que suponen las leyes universales como regularidad de comportamiento y el proceso evolutivo del cosmos, de la vida y del ser humano que emanan de ellas. Son las evidencias científico-empíricas y la conjunción de ellas lo que le llevan a recuperar el concepto de «misterio» como «unidad» de regularidad y emergencia de lo nuevo. En esta conjunción de misterio y unidad ve el autor transparentándose lo que decimos Dios.

Para llegar a estas conclusiones, previamente el autor se ha ayudado de los argumentos de los que él considera «nuevos creyentes». Se trata de Flew (filósofo), Lewis (teólogo) y Collins (genetista), ninguno de ellos cosmólogos o astrofísicos. Tres personajes que se reconvirtieron del ateísmo al deísmo/teísmo y que han supuesto para el autor un soporte para los fundamentos de su libro. Y, en mi opinión, aquí comienzan –entre otros– los verdaderos problemas de su argumentario.

Estos nuevos creyentes, principalmente Flew y Lewis, descubren al autor que «la teoría del *Big Bang* había proporcionado a los deístas una «prueba contundente» de que el universo había tenido un comienzo, desmoronándose, por tanto, la tesis de que era eterno. Esta prueba requería, pues, una «explicación externa» del cosmos y del mundo, algo que pasa por la existencia de una Causa primera desencadenadora de la explosión inicial. Entramos así, de lleno, en el clásico principio cosmológico.

Este deseo de ver a Dios transparentándose en el *Big Bang* es una obsesión de los teólogos expresada ya por el mismísimo papa Pío XII en los años treinta tras conocer la teoría del *Big Bang* del científico y sacerdote belga George Lemaître.

Así pues, nos vamos a referir a estos dos argumentos nucleares del libro.

a) El universo no es eterno, tiene un comienzo según el filósofo Flew

La teoría del *Big Bang* podría sugerir que el universo tiene un comienzo, y esta idea de que el universo tiene un principio sugiere a muchos que tiene que haber un creador, que es Dios. Es una de las premisas del principio cosmológico que, desde la teoría científica del *Big Bang,* hace pensar a muchos teólogos que el universo tiene un comienzo y, por tanto, no es eterno.

Lo primero que hay que decir es que el *Big Bang* no es el principio de nada, solo es el límite de nuestra comprensión teórica del universo. Fue precisamente un sacerdote y científico belga, Lemaître, quien, en 1927, propuso esa teoría y a quien nunca se le ocurrió considerarlo ningún principio de nada. Utilizando las ecuaciones de la relatividad general de Einstein, llegó a un punto del universo donde las ecuaciones fallaban porque se encontraban con varios infinitos: densidad infinita, gravedad infinita y temperatura infinita. No había modo de que las ecuaciones resolvieran nada de nada. A este punto se le conoce como una «singularidad», es decir, una indeterminación. Así pues, nada significativo de un comienzo se puede decir sobre el *Big Bang,* salvo que su teoría explica la evolución del cosmos desde la explosión primigenia hasta el momento actual.

Esto es bien conocido por los apologetas cristianos que debaten este principio con los científicos de elevado prestigio. Lo que realmente sugiere a estos apologetas que el universo tiene un principio no es el *Big Bang,* como afirma el autor y sus nuevos creyentes, sino el «teorema BGV», por las iniciales de los prestigiosos cosmólogos Borde, Guth y Vilenkin. Este teorema dice que, si un universo es infinito hacia el futuro, no lo puede haber sido en el pasado, y por lo tanto debe tener un comienzo. Guth es el padre de la inflación cósmica, y Vilenkin, uno de los padres del multiverso de la cosmología cuántica.

Sin embargo, este teorema asume un «espacio-tiempo» clásico, y el mundo real está gobernado por la mecánica cuántica, por lo que nada dice definitivo sobre lo que realmente sucede en el universo. Existe otro teorema de Sean M. Carrol, el «teorema de la eternidad cuántica», bajo la mecánica cuántica convencional, en la que cualquier universo con una energía distinta de cero y un hamiltoniano independiente del tiempo duran para siempre hacia el pasado y el futuro. Asimismo, el físico teórico Carlo Rovelli propone en su teoría «de la gravedad cuántica de bucles» que sus ecuaciones permiten reconstruir la historia de nuestro mundo remontándonos más atrás del *Big Bang,* proponiendo que el *Big Bang* podría ser en realidad un *Big Bounce* (un gran rebote): nuestro mundo podría haber nacido de un universo anterior que estaba contrayéndose para luego rebotar y expandirse de nuevo.

Por tanto, esa premisa de que «el universo tiene un comienzo», tal como afirma el filósofo A. Flew, y que en ella se transparenta Dios, como afirma mi amigo Jesús Martínez, es una afirmación como mínimo incierta y arriesgada y, por tanto, muy alejada de que pueda considerarse una hipótesis más racional y consistente que la científica.

b) La existencia de leyes que hacen que el universo se comporte de manera regular remiten a la existencia de una primera causa, según Flew

Según el cosmólogo, físico teórico y ateo prominente Lawrence Krauss y el cosmólogo Alexander Vilenkin, cuando uno se enfrenta con un orden subyacente de extrema complejidad puede extraer dos conclusiones distintas.

Una es a la que llegó el propio Newton, y había llegado antes Galileo y muchos científicos a lo largo de los años. El orden había sido creado por una inteligencia divina responsable no solo del universo, sino también de nuestra propia existencia.

La otra conclusión es que no existe nada más que las propias leyes. Las leyes requieren que nuestro universo llegue a existir, se desarrolle y evolucione, y nosotros somos una consecuencia irrevocable de esas leyes. Tales leyes pueden ser eternas o haber llegado a existir, también ellas, por efecto de algún proceso aún desconocido, pero posiblemente puramente físico. Sin embargo, la decisión última no vendrá de la esperanza, el deseo, la revelación o el pensamiento puro; si es que alguna vez llega, vendrá de la exploración de la naturaleza.

Sinceramente, no puedo entender cómo a algo que se asienta más allá de nuestro mundo natural, y que desde allá participa en los acontecimientos de este mundo, lo tengan como «razonable y consistente». Es algo que va mucho más allá del azar y la casualidad. Se llama «alucinación divina»: un estado de éxtasis que genera la unión de la persona con Dios y con el mundo.

Como veremos en el siguiente apartado, pienso que los teólogos creyentes tienen la convicción de que lo que a ellos se les transparenta –anticipaciones, destellos, murmullos, señales– en las teorías astrofísicas y protobiológicas, e incluso en las antropológicas, lo reciben desde ese «sentido de la divinidad» que solo a los creyentes les capacita para percibirlo.

c) Todo lo que tiene un comienzo tiene una causa, y esta es Dios

Es la otra premisa del principio cosmológico. Esta premisa es completamente falsa, ya que esta noción de causa no es parte del vocabulario para los debates de la física elemental. Los modelos físicos modernos tienen la forma de patrones irrompibles en forma de leyes de la naturaleza que persisten sin ninguna causa externa. El principio de Heisenberg, de la mecánica cuántica, ha hecho añicos el principio de causalidad. En este caso, lo que debemos preguntarnos no es si el universo tiene una causa, sino si tiene un primer momento en el tiempo compatible con las leyes de la naturaleza, y la respuesta es que sí. Aunque el universo tiene un primer momento en el tiempo, supone un error sostener que surja de la nada, ya que esta formulación insinúa la idea de que habría un estado del ser llamado nada –concepto metafísico inexistente– que luego se transformó en un universo.

d) ¿Y qué dice la ciencia de esto?

Hay algo fundamental en la ciencia que hace que el conocimiento del mundo real nunca se pare: cuando la ciencia llega a un aparente límite del conocimiento teórico de un fenómeno, nunca piensa que se transparenta un creador inteligente, sino que ve la necesidad de seguir investigando. Ese es el método científico.

En una entrevista en *The Guardian* al prestigioso biólogo evolucionista Jerry Coyne, le preguntaron: «¿Por qué se considera que Dios es una explicación de algo?». A lo que el profesor contestó: «No lo es, es un fracaso explicativo, un encogimiento de hombros, un "yo no" vestido de espiritualidad».

El interés de los cosmólogos en la actualidad se centra en la teoría de la inflación, que define las condiciones iniciales del *Big Bang* y desvela ciertos misterios que esa teoría no ha sido capaz de explicar. También se centra en la cosmología cuántica y en la teoría de las cuerdas y de los bucles. La inflación es hoy el paradigma de la cosmología, y representa el germen de la inflación eterna, y esta, el germen del multiverso en sus diversas concepciones.

La cosmología cuántica ha permitido crear modelos, como los de Alexander Vilenkin, en el que se propone la creación de universos sin la existencia previa de materia, ni espacio, ni tiempo. Mediante el efecto de túnel cuántico burla la singularidad del *Big Bang,* creando una semilla microscópica en un espacio De Setter, con una enorme densidad de falso vacío que produce la inflación necesaria para generar un universo. En efecto, se necesitan las leyes para definir la emergencia y evolución de ese universo. Y también ha permitido la propuesta de «no frontera» de Hurtle y Hawking, que, utilizando la cosmología cuántica, definen el estado inicial del universo sin necesidad de explicarlo a partir de nada anterior. La teoría de cuerdas es, según Stephen Hawking, la llamada a ser la teoría del todo.

Su objetivo fundamental es el de cuantizar la fuerza gravitatoria y, con ello, establecer una teoría fundamental de la naturaleza.

A partir de estos avances científicos, el cosmólogo Alexander Vilenkin, respecto al Creador, dice que «la inflación libraría al Creador de la tarea de establecer las condiciones iniciales del *Big Bang;* la cosmología cuántica le evitaría el trabajo de crear el espacio y el tiempo y la de impulsar la inflación; y la teoría del todo le expulsaría de su último refugio: la elección de la teoría fundamental de la naturaleza».

2. Otras conclusiones fundamentales del libro

Por lo que respecta a mi interés, he captado otras tres conclusiones adicionales principales del libro, que son las siguientes.

En primer lugar, el autor acusa a la ciencia de «autoritarismo cognitivo» al defender como «única explicación» el materialismo y las evidencias científico-empíricas, e intenta desacreditar las teorías científicas de la cosmología y de la biología calificándolas de teorías basadas en la aleatoriedad ociosa, el azarismo vago y el materialismo bruto. El fondo de esta descalificación muestra un conocimiento superficial de las teorías científicas más actuales.

En segundo lugar, el autor intenta una severa crítica contra el verificacionismo, uno de los instrumentos esenciales del método científico. Dice el autor que alienta una actitud «absolutista». Pero se equivoca al elegir los ejemplos con los que intenta esa crítica, puesto que en absoluto representan la forma de proceder del método científico. Así que, si la premisa es errónea, la conclusión también lo es.

Finalmente, se plantea el típico debate de que para que Dios pueda ser real tiene que ser percibido por los sentidos y, por tanto, debe someterse a verificación. El autor propone que Dios puede ser percibido al modo en que lo es Gaudí o Shakespeare. Evidentemente, Gaudí y Shakespeare son verificables en todo su contenido de acuerdo con el método científico, y Dios no es más que un supuesto de la mente humana inverificable en tiempo y espacio.

3. La teología sofisticada y su incursión en las teorías científicas

Cuando me refiero a la «teología sofisticada», me refiero a aquella teología que ha transformado la idea de un Dios personal sentado en su trono celestial, controlador de mentes, observador de conciencias, perdonador de pecados, que se preocupa por la situación de todos y cada uno de los habitantes del planeta, en algo abstracto y globalizador. Lo han transformado en un símbolo, en un concepto, en un constructo mental. Ahora, cuando se refieren a él, lo hacen en términos como «la verdad que todo lo determina», «origen y fundamento de toda realidad», «principio inabarcable que da lugar a todo», «el ser que todo lo envuelve y todo lo penetra», «el ser trascendente e inmanente». Los teólogos sofisticados, para justificar el excesivo recurso a la palabrería semántica, dicen que, para referirse a Dios, solo puede hacerse recurriendo al lenguaje contradictorio, como «caricia y aguijón, cercana trascendencia, omnipotente debilidad, tranquilidad inquietante, universal concreto, amor crucificado». Como puede apreciarse, se trata de un argot metafísico imposible de entender para el creyente común. Con razón dice Richard Dawkins que la teología sofisticada es pura «prestidigitación dialéctica».

Yo creo que, con esta manera de abordar la idea de Dios, los teólogos sofisticados alejan mucho más a Dios de la comprensión del creyente, aunque con ello quizá intentan protegerle de los avances de la ciencia, puesto que el método soluciona problemas reales, pero no conceptos metafísicos. Los teólogos sofisticados se han dado cuenta de la situación y hacen un llamamiento a la modernización de la teología, recomendando a los teólogos el seguimiento de los últimos avances científicos y del lenguaje y los términos científicos, en especial de la astrofísica y la protobiología.

Desde este nuevo planteamiento, los teólogos sofisticados critican que los hombres de ciencia solo se preocupan de los datos, poner estos en la lupa de la teoría y nada más. No tienen ningún interés o capacidad para ver lo que se transparenta más allá de los datos.

Los teólogos sofisticados argumentan que el discurso sobre Dios es posible porque Dios «activa en el ser humano el deseo de unirse y confundirse con él», por ello perciben «anticipaciones, huellas, señales y chispazos de esa verdad», que, siendo propios y exclusivos de Dios, se activan en los creyentes.

Es lo mismo que dice el teólogo Alvin Platinga: si Dios existe, es lógico pensar que ha puesto en los seres humanos un «sentido de la divinidad» o «activado un deseo». Este sentido de la divinidad, según los teólogos sofisticados, es silente en los ateos; sin embargo, se activa en los creyentes y los capacita, con «particular potencia» en sus transparencias astrofísicas y biológicas, para percibir «anticipaciones, huellas, señales, murmullos de lo que ha de venir». Esta idea es muy controvertida, porque señalaría que el teólogo sofisticado recibiría, pues, esa «virtud divina» que les permitiría ver a Dios transparentándose en las teorías científicas. ¿Dónde está, pues, esa mayor consistencia racional del teísmo cristiano respecto a las interpretaciones científicas?, ¿quizá en esa virtud divina?

La concepción de los teólogos sofisticados de que el científico solo se preocupa de los datos es profundamente errónea. En efecto, uno de los objetivos de la ciencia es contrastar los datos, puesto que la física es una ciencia experimental y empírica y debe verificarlos, pero ese no es su único objetivo; el objetivo verdadero de la ciencia es conocer el mundo real para poder explicarlo, y no solo una explicación superficial, insuficiente o insatisfactoria, sino una explicación capaz de incluir una descripción detallada de esa realidad. No existe, pues, una línea gruesa entre explicación y descripción: la explicación sin descripción es superficial e insatisfactoria.

Pongamos dos ejemplos.

Hace cuatro siglos, Johannes Kepler estableció las leyes del movimiento de los planetas alrededor del Sol. Su compañero y mentor, Tyco Brahe, que también era astrónomo, tenía cientos de datos, y todos ellos encajaban en las ecuaciones; sin embargo, no fue capaz de explicar la dinámica que estaba detrás del fenómeno. Correspondió a Isaac Newton explicarlo, y lo hizo mediante la ley del inverso al cuadrado. Además, Newton tuvo la «intuición matemática» de que la ley que explicaba la órbita de la Luna alrededor del Sol era la misma que explicaba la caída de las manzanas del árbol, hecho difícil de ser comprendido en aquella época mediante la intuición humana. Así, Newton fue el primero en comprobar que emergía una nueva intuición, la «intuición matemática», aquella que utilizaba las matemáticas para entender algunos fenómenos inexplicables para la intuición humana.

Otro ejemplo más reciente que muestra el objetivo explicativo de las teorías científicas es la teoría del *Big Bang,* que explica la evolución del cosmos desde el *Big Bang* hasta nuestros días. Esta teoría es ampliamente aceptada por la comunidad científica y también por muchos teólogos, con algunos matices. A pesar de su popularidad, la teoría del *Big Bang* es una teoría de éxito; sin embargo, esta teoría fracasa en explicar algunas «cuestiones misteriosas» acerca de nuestro universo:

¿Por qué la geometría del universo es plana?

¿Por qué el universo es tan homogéneo a grandes escalas?

¿Cuál es el origen de las fluctuaciones que forman las semillas que originaron las estructuras?

¿Por qué el universo se expande?

Sabemos que las mediciones que se han realizado sobre estas variables confirman la teoría del *Big Bang,* pero esta teoría no lo explica.

Pues bien, la teoría de la inflación del universo temprano trata de explicar todas estas «cuestiones misteriosas», y por eso la teoría inflacionaria es hoy el paradigma de la cosmología moderna. Así pues, vemos que los datos, en efecto, son necesarios en las teorías científicas para poder verificarlas, pero el objetivo fundamental de la ciencia es explicar la realidad, y además lo consigue, como se ha demostrado.

Por tanto, vemos que el análisis que hacen los teólogos sofisticados de las teorías científicas está mediatizado por dos perjuicios previos.

El primero, como he mencionado, es tener la convicción de que lo que a ellos se les transparenta –anticipaciones, destellos, murmullos, señales– en las teorías astrofísicas y protobiológicas, e incluso en las antropológicas, lo reciben desde ese «sentido de la divinidad» que solo a los creyentes les capacita para percibirlo.

El segundo prejuicio con el que abordan la crítica de las teorías científicas es el de considerar la incapacidad o el desinterés de los científicos para ir más allá de los datos, lo cual, como acabamos de demostrar es profundamente erróneo.

4. Las dificultades insalvables de los teólogos para explicar la realidad del mundo natural

Stephen Hawking sentenció en su libro *El Gran Diseño:* «La filosofía ha muerto debido fundamentalmente al desconocimiento en el desarrollo de la ciencia moderna, en especial de la física. La ciencia, así, ha tenido que tomar la antorcha del conocimiento».

Bertrand Russell, filósofo, matemático y Premio Nobel de Literatura, dijo que «la filosofía, como los demás estudios, aspira primordialmente al conocimiento. Pero no se puede sostener que la filosofía haya obtenido un éxito realmente grande es su intento de proporcionar una respuesta concreta a las cuestiones vitales».

Aldous Huxley, escritor y filósofo, describe en su ensayo *La puerta de la percepción* sus experiencias con una droga psicoactiva, la mescalina, que Huxley pensaba que intensificaba su conciencia, eliminando filtros que impedían a su mente alcanzar una mayor percepción.

Los seres humanos somos seres conscientes, dotados de una intuición humana resultado de la evolución que nos permite relacionarnos y conocer el mundo que nos rodea. Sin embargo, debemos ser conscientes de las limitaciones que nos impone nuestra propia naturaleza humana para conocer el mundo real. En cambio, los teólogos creyentes superan esas barreras asistidos por toda una imaginería sobrenatural que trasciende nuestro mundo real.

Los seres humanos somos incapaces de imaginar un universo de cuatro dimensiones, nuestra intuición no lo puede hacer posible; sin embargo, con las matemáticas podemos manejar todas las dimensiones necesarias para estudiar el universo.

La ciencia moderna usa las matemáticas. Newton demostró que el libro de la naturaleza está escrito en lenguaje matemático. Para Hawking, el universo es comprensible porque está regido por leyes científicas, es decir, su comportamiento puede ser modelizado y expresado de manera matemática. Así pues, es necesario acudir a la «intuición matemática» para explicar la realidad.

Los tres grandes pilares en los que se basan los conocimientos científicos del mundo natural son fundamentalmente tres:

– La teoría de la relatividad especial: estudia la naturaleza del espacio-tiempo.

– La teoría de la relatividad: estudia la fuerza de la gravedad.

– La teoría cuántica: aborda todo lo demás.

La teoría cuántica es el culmen de la ciencia moderna: la reducción de la tremenda complejidad del mundo, incluidos los seres humanos, a una descripción del comportamiento de apenas un puñado de minúsculas partículas subatómicas y de las cuatro fuerzas que actúan sobre ellas. Proporciona una descripción de la naturaleza que posee una inmensa capacidad de «predicción» y «explicación» para una enorme variedad de fenómenos: desde los chips de silicio a las estrellas.

No existe un solo experimento que contradiga el hecho de que la física cuántica incluye aleatoriedad, y, sin embargo, los relojes atómicos que miden el tiempo con una precisión asombrosa operan según las reglas de la física cuántica.

La mecánica cuántica es, pues, una teoría probabilística que ha hecho que el mundo sea probabilístico y no determinista.

Veamos cómo impactan estas teorías en la concepción del mundo real.

La teoría de la relatividad especial nos dice que el espacio y el tiempo no son magnitudes absolutas: las distancias se acortan y el tiempo de ralentiza, lo cual va en contra de la intuición humana.

La física cuántica nos dice que una partícula material, como el electrón, puede pasar por dos rendijas a la vez, interferir consigo mismo y plasmarlo en un patrón de interferencia. También nos dice que una partícula material puede atravesar muros sin tener la energía necesaria para hacerlo, lo cual es imposible de que ocurra en la física clásica. Ambos fenómenos no tienen motivos ni explicación causal, salvo por el cálculo de probabilidades de la física cuántica, que lo hace posible.

Esto es difícil de asimilar, porque nuestra intuición está vinculada a nuestra evolución. No estamos acostumbrados a entender estos fenómenos, por lo que tenemos que tratar de desconectarnos de nuestra intuición básica y aplicar las ecuaciones de la física cuántica, que sabemos cómo funciona. Esto nos da otro tipo de intuición, una intuición matemática.

Ahora se entiende mejor la frustración de Bertrand Russel, la sentencia de Stephen Hawking y los intentos vanos de Aldous Huxley para traspasar esos límites que nos impone la naturaleza. Solo la ciencia ha roto esos límites, y ello ha permitido explorar y conocer el mundo real para poder explicárselo a la humanidad.

Por eso, los teólogos sofisticados debieran aceptar con humildad que la utilización de esa jerga metafísica, que Richard Dawkin denominaba acertadamente «prestidigitación dialéctica», con la que «milagrosamente» intentan imponer una visión sobrenatural del mundo, es un intento vano y, sobre todo, imposible.

El científico y el método. Como dice Arsuaga, el científico es por definición un rebelde que se enfrenta a todo lo establecido, que desafía el principio de autoridad y que no cree nada de lo que le cuentan. El científico es un escéptico y un curioso que alaba la duda. El método científico es una metodología muy experimentada, profunda y útil. Es uno de los grandes logros de la humanidad. Podemos afirmar que cualquier pregunta científica, no metafísica, puede ser contestada por la ciencia antes o después. Hace un siglo no sabíamos que los continentes se movían y hoy podemos calcular ese movimiento en micras. En la ciencia no existen profetas, ni libros sagrados, ni sanedrines, por eso el método científico, además de ser eficaz, es el más honesto, puesto que está abierto a todos los actores sociales por igual.

5. El ateísmo cientifista

a) La mente liberada

Mi ateísmo cientifista lo describe mi lema: «La ciencia me hizo ateo para ser libre». Para romper las cadenas que me tuvieron atado a la ideología religiosa durante muchísimos años. Por fin puedo decir con plena satisfacción que he logrado echar a Dios y todo lo que representaba de mi mente, recuperando mi libertad, aunque tengo que decir que no ha sido nada fácil.

Pero ¿por qué tengo esa sensación de alivio y satisfacción? Pienso que la religión se ha apropiado de la esencia propia del ser humano, como la razón, la inteligencia, la voluntad y el amor, es decir, de aquellas cualidades específicas que le caracterizan como ser humano, perteneciente al género humano, y que le diferencian de otras especies animales. La religión se las ha expropiado y las ha trasladado a un sujeto ajeno al ser humano que ha llamado Dios. Con ello ha intentado desnaturalizar al ser humano, apartarle de la naturaleza y alienarlo al hacerle dependiente de ese Dios. Por eso, al sacarlo de mi mente he recuperado esas esencias. Han vuelto a mí y he reafirmado mi yo, consiguiendo así recuperar mi libertad y mi vínculo con la naturaleza. Venimos de las entrañas de la naturaleza y, cuando perecemos, volvemos a ella; volvemos a donde estábamos antes de nacer.

¿Y por qué considero que Dios estaba en mi mente? Porque ha sido el fruto de un adoctrinamiento brutal en la época de la niñez y la adolescencia. Han incrustado la ideología religiosa en nuestros circuitos cerebrales cuando nuestra mente era muy frágil, aprovechando esa fragilidad para construir un mundo dual en el que coexisten el mundo real de los árboles, las flores, los animales, con un mundo mágico, lleno de fantasía, un mundo imaginario lleno de personajes imaginarios. Se supone que la imaginación, a medida que madura, se va adaptando al mundo real y va dejando de lado ese mundo imaginario; sin embargo, no es así, muchos creyentes retienen en su mente madura el relato propio de la infancia y la adolescencia.

Esos personajes imaginarios del mundo imaginario intervienen en los acontecimientos del mundo real, generando mucho dolor y sufrimiento. Así, si dos personas del mismo sexo se aman y lo manifiestan sexualmente, esos personajes imaginarios les dicen que ese comportamiento es desordenado y antinatural, contradiciendo así a la propia naturaleza y su biología, que permite que existan miles de especies que se relacionan de igual manera. No puede haber nada antinatural en la biología. La biología permite las relaciones homosexuales, pero la cultura religiosa las prohíbe, originando así mucho sufrimiento en el mundo real.

b) Las contradicciones básicas del teísmo

Y entonces, ¿cuáles pueden ser las razones para que los creyentes maduros se encuentren atrapados en ese relato infantil? Para mí hay dos razones; una, ya mencionada, es la del adoctrinamiento brutal. La otra es, en mi opinión, que el creyente no tiene voluntad de saber, solo de creer, por lo que no se enfrenta a las contradicciones básicas que genera la ideología religiosa. El creyente no se pregunta lo que dice la ciencia sobre esto o lo otro. No me refiero a las contradicciones mayores relacionadas con el universo y la vida, sino a otras mucho más básicas.

Veamos algunas.

Una vez que conocemos el proceso reproductivo de los organismos sexuales, ¿cómo reaccionamos al hecho de que existe una persona que nace de una mujer virgen sin que haya mediado un padre biológico?, ¿cuál es nuestra actitud ante el hecho de que el hombre sin padre biológico resucita a los muertos y hace milagros que son aceptados por los creyentes como hechos históricos?, ¿cómo aceptamos el hecho de que el mismo hombre sin padre resucite después de haber estado muerto tres días, tras lo cual sube al cielo corpóreamente?, ¿qué opinamos cuando el pan y el vino pierden su sustancia y se transforman literalmente en el cuerpo y la sangre del hombre sin padre, y además esto tiene que ser realizado por una persona que tenga testículos, lo cual incluye un mensaje misógino?, ¿qué decir cuando el Dios «omnibenevolente» crea un mundo cruel en el que, como dice Novella, para poder sobrevivir se comen unos a otros no solo metafóricamente, sino literalmente?, ¿qué opinamos cuando el Dios omnisciente, arquitecto inteligente, construye un planeta sobre placas tectónicas que cuando chocan producen terremotos que causan miles de muertos?, ¿o más recientemente, cuándo las autoridades políticas y religiosas salen con una estatua de madera o de yeso a pedir que se detenga el volcán de La Palma mientras se van derrumbando las iglesias una tras otras bajo la lava?, ¿o cuándo las autoridades religiosas cierran los templos para evitar que los feligreses se contagien?

Si rechazamos la ilusión de la fe, el consuelo de Dios y las fábulas de la religión, y elegimos el saber, poniendo la inteligencia y la voluntad en el conocimiento de las cosas, pronto veremos la realidad. Por eso, los creyentes deben enfrentarse a esas contradicciones, sumergirse en ellas y asumir las consecuencias tras la inmersión.

6. Aleatoriedad ociosa y azarismo vago

a) Aleatoriedad ociosa

Como hemos dicho, el autor pretende desacreditar las teorías científicas sobre el universo y la biología calificándolas de ser teorías basadas en la aleatoriedad ociosa y el azarismo vago.

El estudio de los fenómenos aleatorios queda dentro del ámbito de la teoría de las probabilidades y en el de la estadística. La palabra «aleatoria» se usa para expresar una aparente carencia de propósito, causa u orden; y esto es lo que fundamentalmente tiene en vilo a los teólogos sofisticados. En física, la mecánica estadística ha servido para construir modelos científicos que presentan un aparente grado de imprevisibilidad. Se ha utilizado, por ejemplo, en el estudio de la termodinámica y la entropía.

El azar significa ignorancia, desconocimiento y falta de información de los datos implicados en un proceso, que la ciencia trata de reducir para mejorar el conocimiento de la realidad. Todos los días ocurren millones de acontecimientos azarosos. El azar, aunque de otro tipo, probablemente haya sido lo que ha hecho que el autor sea un teólogo de la religión católica en lugar de un imán de la religión musulmana, como podría haber sido el caso si hubiera nacido en Egipto.

La aleatoriedad tiene una importancia extraordinaria en la física cuántica, no existe un solo experimento que contradiga el hecho de que la física cuántica incluya la aleatoriedad; y, sin embargo, permite tomar medidas que son mucho más precisas que la física clásica. Como hemos dicho, los relojes atómicos que miden el tiempo con una precisión asombrosa operan según las reglas de la física cuántica.

Por ejemplo, no entendemos lo que pasa cuando una partícula de materia como un electrón pasa por dos rendijas a la vez, interfiere consigo mismo y muestra un espectro de patrón de interferencia, por lo que tenemos que desconectar de nuestra intuición basada en la causalidad y aplicar las ecuaciones de la física cuántica, que sabemos cómo funciona. Esto nos lleva a otro tipo de intuición: una intuición matemática.

A medida que la ciencia progresa, pueden provocar eventos que se perciben extraños y que se oponen a la sabiduría popular. Cuando Copérnico dijo que no era el Sol el que giraba alrededor de la Tierra, sino al revés, fue una idea muy difícil de aceptar, y Galileo tuvo una pésima experiencia cuando intentó explicárselo al papa. Pelear contra las falsas intuiciones es parte de la ciencia; y en la física cuántica la ilusión del determinismo es un aspecto importante del debate.

Otro ejemplo importante de la aleatoriedad es la emisión de una partícula en el proceso de desintegración. Si consideramos un átomo de radio con 88 protones y 138 neutrones confinados en un punto de su núcleo, la fuerza denominada «nuclear fuerte», que mantiene las partículas confinadas, es de una dimensión asombrosa; sin embargo, cuatro partículas: dos protones y dos neutrones, escapan del confinamiento liberándose de esa enorme fuerza, y eso pasa sin motivo alguno, sin causa alguna. Solo ocurre porque la física cuántica lo hace posible. La mecánica cuántica es una teoría probabilística que dice que las partículas pueden atravesar una barrera de potencial, y la atraviesa. Es un cálculo probabilístico. Aquí tenemos representado un ejemplo de efecto sin causa que lo provoque.

b) Azarismo vago

El autor dice que la teoría de la evolución es producto de un «azarismo vago» y de la casualidad por generación espontánea. Como dice Jerry Coyne, uno de los más prestigiosos biólogos moleculares y evolucionista darwinista, la aparición de especies a lo largo del tiempo, como puede verse en los fósiles, está muy lejos de ser aleatoria, ya que sigue unos patrones muy firmes: los organismos simples evolucionaron antes que los complejos; los antepasados que se habían predicho evolucionaron antes que sus descendientes; los fósiles más recientes son más parecidos a las especies vivas; disponemos de fósiles transaccionales que conectan los principales grupos. Ninguna teoría especial de la creación, ninguna que no sea la evolución, puede explicar este patrón. ¿Acaso un proceso puramente aleatorio podría producir, por sí solo, la maravillosa cola del pavo real o el martilleante pico del pájaro carpintero, con sus sorprendentes músculos de la cabeza? Desde luego que no.

Probablemente, el aspecto peor entendido del darwinismo sea la idea de que en la evolución «todo ocurre al azar», como dice el autor. Esta afirmación tan corriente es profundamente errónea. El azar no puede explicar, por sí mismo, la maravillosa adecuación entre los individuos y su medio. Para que el proceso de evolución por selección natural tenga lugar debe haber variabilidad entre los organismos, y esta se produce mediante errores en los procesos de división celular, en la transcripción genética o en la traducción a proteínas, que, en efecto, genera mutaciones en la secuencia de los genes. Es muy importante comprender que estas mutaciones se producen con independencia de si resultan útiles o no para el organismo. No existe ningún mecanismo biológico conocido que sirva para aumentar la probabilidad de que una mutación satisfaga las actuales necesidades de adaptación del organismo. Así que estas mutaciones, más que aleatorias, deben denominarse indiferentes: «La probabilidad de que surja una mutación es indiferente del beneficio o perjuicio que puede causar al organismo».

Estas mutaciones generan un amplio abanico de variables genéticas –buenas y malas– y luego viene un proceso necesario, una ley, «la selección natural», que tamiza esa variación, preservando lo bueno y desechando lo malo. Este tamizado llevado a cabo por la selección natural es un proceso no aleatorio. Es una poderosa fuerza de moldeado que acumula genes que aportan más probabilidad de ser transmitidos y hacen que los individuos sean cada vez más capaces de enfrentarse a su medio.

Como dice Jerry Coyne, no debe sorprendernos que los primeros naturalistas creyeran que los animales eran el producto de un diseño celestial creado por Dios para realizar una función, propósito o finalidad. Sin embargo, Darwin corrigió esa idea en su libro *El origen de las especies*. En un solo capítulo reemplazó varios siglos de certeza sobre el diseño divino con la idea de la selección natural: un proceso materialista y ciego que podía producir los mismos resultados. Es difícil imaginar el efecto que tuvo esta concepción. Muchos todavía no se han recuperado del golpe y la idea de la selección natural. Nancy Pearcy, teóloga evangelista americana conservadora y partidaria del diseño inteligente, expresó su preocupación ante la teoría de la evolución. Pensó que, cuando la evolución naturalista se enseñe en clase de Ciencias, también se enseñaría una visión naturalista de la ética, historia y sociología. Nancy Pearcy y muchos creacionistas consideran que todos los males percibidos en la evolución provienen de la visión naturalista y materialista del mundo. Ello generó una oposición feroz, y una versión moderna de esta oposición es considerar la evolución como un producto del azarismo vago.

7. Materialismo bruto

El materialismo es la idea de que la única realidad que existe es la «materia física» del universo, y que todo lo demás, incluidos los pensamientos, sentimientos y la mente consciente, proviene de la actuación de las leyes de la física sobre la materia.

Los teólogos sofisticados, como el autor, dicen que las teorías científicas se basan en el «materialismo bruto», y que la ciencia no tiene nada que decir sobre el origen y la naturaleza de las capacidades cognitivas. Esta aseveración no se corresponde con el nuevo paradigma de las teorías sobre la mente consciente propuestas por el prestigioso neurocientífico António Damásio, miembro de la Academia de las Artes y las Ciencias estadounidense y Premio Príncipe de Asturias. Damásio, en su reciente libro *Sentir y saber,* expone su teoría sobre el origen y evolución de la mente consciente y propone una solución al «problema difícil de la consciencia» que estableció el filósofo de la mente David Chalmers.

Pensemos en una roca sólida como fiel representante de la «materia bruta» y pongámosla al lado de un ser humano. Evidentemente, nos resultaría muy difícil encontrar similitudes entre un objeto así y el sujeto que se encuentra a su lado. Sin embargo, las partículas últimas, es decir, las partículas más elementales que interactúan para configurar ambos elementos, son las mismas. Lo que las diferencia es, fundamentalmente, la complejidad de esa configuración. A medida que la interacción entre millones de partículas y fuerzas atómicas va interactuando, van emergiendo elementos y procesos nuevos.

Veamos algunos ejemplos.

De la interacción entre los átomos de hidrógeno y oxígeno, dos gases invisibles, tóxicos y peligrosos, emerge un nuevo elemento, el agua, cuya naturaleza de «ser líquido» no existe en las moléculas originales. Además, este elemento es imprescindible para la supervivencia de la mayoría de los organismos. Vemos, pues, que de las partículas más simples emerge un elemento mucho más complejo.

Elevemos la complejidad del ejemplo anterior. Supongamos ahora un hormiguero de hormigas cortadoras de hojas. Estas hormigas están diseñadas genéticamente para que lleven a cabo muy poquitas acciones: cortan las hojas, las llevan al hormiguero, las mastican y las entierran para producir alimentos. Las hormigas son, pues, organismos muy simples; sin embargo, cuando actúan miles o millones de ellas, nuevamente emerge un superorganismo capaz de construir carreteras, urbanizaciones, huertos, cementerios, etc.

Volvamos a elevar la complejidad y consideremos ahora las células del cerebro, las neuronas. Estas están diseñadas genéticamente para realizar unas poquitas acciones: una neurona genera un potencial de acción, transmite una corriente de electrones a lo largo de sus axones y abre unas vesículas donde hay moléculas químicas y las transmite, cuando llega el momento, a través de la sinapsis a los receptores de la siguiente neurona. Actúa desde la profunda oscuridad del cráneo y no sabe si participa en el movimiento de los ojos o en el de los brazos. Sin embargo, cuando interactúan millones de neuronas emerge «la mente consciente». Una vez más comprobamos que, cuando interactúan elementos muy simples, surgen elementos y procesos muy complejos.

La emergencia, este es, precisamente, el mecanismo que explica la aparición de la complejidad en las diferentes configuraciones de la materia.

La teoría del núcleo de la física contemporánea describe los átomos y fuerzas que constituyen nuestros cuerpos y cerebros, con exquisito detalle, en términos de un conjunto rígido de «ecuaciones formales» que no deja margen de maniobra para la intervención de influencias no materiales. La teoría del núcleo subyace a todo lo que presenciamos en nuestra vida diaria, incluidos nosotros mismos. Aceptar esto tiene una implicación muy profunda: que no hay vida después de la muerte. Si las partículas y fuerzas de la teoría del núcleo son lo que constituye a todo ser vivo, entonces la información que me hace yo está incluida en la disposición de átomos que constituyen mi cuerpo, incluido mi cerebro. No hay lugar donde pueda ir esa información ni manera de preservarla fuera de mi cuerpo.

Los ingredientes de la teoría del núcleo: fotones, electrones y núcleos atómicos, por muy alejados que parezcan estar de la vida cotidiana, intentar entender la vida: cómo nos alimentamos, como respiramos, como excretamos y como vivimos, nos obligan a afrontar las partículas y fotones subyacentes que están detrás de todo.

Así pues, somos conjuntos de átomos y partículas que chocan con otros e interactúan a través de las fuerzas de la naturaleza. Somos asimismo colecciones de células que trasiegan electricidad y productos químicos, y también somos pensantes y sintientes, capaces de contemplar nuestras acciones y tomar decisiones sobre cómo comportarnos. Estamos hechos de la misma materia que el resto del universo, pero la nuestra está ensamblada justo de la forma correcta para considerar alternativas y hacer elecciones.

8. Verificacionismo

Dice el autor que el principio de verificación del método científico muestra incoherencia con respecto a lo que la ciencia exige a las demás proposiciones, y que el principio de verificación alienta una actitud «cognoscitivamente absolutista». El autor denuncia que las formulaciones universales del tipo «el cobre es conductor de la electricidad» o «todos los cisnes son blancos» exigiría comprobar todo el cobre del mundo, lo cual no es posible. Hay que subrayar que la ciencia nunca hace formulaciones absolutas ni universales, sino teorías provisionales.

Pues bien, el autor elige una formulación profundamente errónea para de ese modo poder criticarla con total comodidad. Pero la ciencia nunca opera de ese modo; no hace formulaciones universales, a lo sumo, proposiciones que son de otro tipo. Veamos. La ciencia no define un elemento –en este caso, el cobre– mediante una sola de sus propiedades. La ciencia estudia, en primer lugar, la estructura nuclear del elemento; luego, su estructura atómica, seguido de sus características mecánicas; posteriormente, estudia sus propiedades químicas; más tarde, sus propiedades físicas, como la conductividad, resistividad, etc. Con todo ello elabora una especificación detallada concreta que determina lo que la ciencia define como cobre, de tal manera que todo elemento, esté donde esté, será denominado «cobre» siempre que cumpla con la especificación.

Se puede así comprobar que el método científico es mucho más preciso de lo que menciona el autor. Lo mismo podríamos decir respecto a los cisnes, científicamente definidos por el genoma de su especie. ¿A qué científico se le ocurriría definir a los cisnes por su color? Así que podemos decir que la crítica del autor al verificacionismo es muy desafortunada al desconocer la forma de proceder de la ciencia en la aplicación del método científico.

De todas formas, el método científico es mucho más que el verificacionismo; requiere datos y hechos, análisis de datos y hechos, procesamientos inductivos y deductivos, tratamiento matemático, modelización, laboratorios, centros de experimentación muy costosos, como, por ejemplo, el acelerador de hadrones de Ginebra, donde tratan de aproximarse a las condiciones primigenias del universo. También requiere reproductibilidad, poner los resultados y procesos a disposición de la comunidad científica para que pueda refutar o falsar los experimentos, y también requiere calcular la aproximación probabilística entre la teoría y el experimento. En fin, como ya hemos dicho, el método científico es uno de los mayores logos de la humanidad y el instrumento más preciso y honesto para explicar la realidad del mundo natural.

9. Conocimiento y percepción de Dios

Algunos filósofos ateos, como Gonzalo Puente Ojea, consideran que Dios debe ser real para que pueda ser percibido por nuestros sentidos. Por tanto, Dios debe ser sometido a verificación; es decir, Dios ha de ser visible, palpable y audible. Solo de esta manera una proposición o idea como Dios será racional o verdadera.

Richard Dawkins dice que esa falta de verificación y racionalidad, los teólogos sofisticados la cubren con buenas dosis de prestidigitación dialéctica.

La tesis del autor es, sin embargo, la de que, «aunque Dios no sea una realidad material cuantificable y medible, no quiere decir que no sea real ni perceptible». Para el autor, Dios es perceptible a la manera como lo son Gaudí o Shakespeare a través de sus obras o a como lo es el amor entre dos personas.

Pero Dios no puede ser perceptible de ninguna manera, ni mucho menos al modo en que lo es Gaudí. Supongamos una persona que está visitando la Sagrada Familia y que nunca ha oído hablar de Gaudí ni tampoco de Dios, y supongamos que esa persona le pregunta al guía que le está atendiendo quién es Gaudí. El guía da un clic en su teléfono móvil para entrar en Wikipedia y le contesta: Gaudí es un arquitecto que nación en tal fecha, en tal lugar, sus padres fueron tal y cual, se casó con tal, tuvo hijos llamados equis, vivió en tales lugares, sus amigos fueron estos y los otros, diseñó tales obras y los comentarios de sus críticos fueron estos y los otros. El guía da otro clic y se lo envía todo por WhatsApp, y el visitante, al recibirlo al instante, se lo agradece y le dice que ahora sí que conoce a Gaudí. Ahora, dado que están en un templo, el visitante le pregunta quién es Dios. El visitante le contesta: «Dios es un ser, bueno no, es más bien un ente incausado, increado, inmaterial, inmortal, infinito, imperceptible, invisible, inaudible», a lo que el visitante contesta: «Bueno, más bien parece algo inexistente por lo que dices de él».

En efecto, Gaudí y Shakespeare son personas perfectamente verificables. Todos sus datos completos están en Wikipedia, comprobados, certificados, auditados por los historiadores según los requisitos del método científico. En cambio, todo lo referente a Dios es supuesto, producto de la imaginación humana. Por tanto, en absoluto puede ser verificado a la manera de Gaudí o Shakespeare. Dios es solo una ilusión, un deseo, un producto de unas creencias basadas en una fe, pero no en el conocimiento.

Con respecto a la percepción de Dios a la manera del amor entre dos personas, a la que recurre el autor, veamos lo que nos dice Dick Swaab, catedrático de neurobiología de la Universidad de Ámsterdam, que dirigió durante treinta años el Instituto holandés de Investigación Cerebral: el amor a primera vista, sencillamente sucede y es «simple biología», sudores, palpitaciones, sensación de energía, dependencia emocional, respiración acelerada, etc. El que lleva la batuta son las áreas cerebrales que se hallan en la parte inferior del cerebro. Por tanto, nada tienen que ver esos cambios fisiológicos de nuestro organismo cuando dos personas se enamoran con la percepción de Dios.

El autor –Jesús Martínez Gordo– dice también que «Dios es perceptible como inteligencia, amor, orden y poder, que "transparentándose" en la realidad cósmica, biológica, histórica y antropológica, no se confunde con la materia». Este párrafo tiene más de recurso literario y poético que consistente con la razón. Dios no tiene biografía alguna como la tienen Gaudí y Shakespeare. Su obra la desconocemos por falta de verificación histórica. Por tanto, cuando el autor dice que Dios es perceptible a través de la inteligencia, el amor, el orden y el poder, no es entendible ni inteligible, puesto que todas esas cualidades son esenciales del ser humano. Nuevamente comprobamos la intención de la religión de apropiárselos para transferirlos a ese ente ajeno al ser humano para romper el vínculo que tenemos con la naturaleza. La inteligencia y el amor pertenecen a la biología humana, y el poder y el orden corresponden a la sociología política de los seres humanos. Todos ellos son producto del impulso humano, su autoridad, sus sentimientos y sus capacidades cognitivas. La religión siempre ha intentado sustraer estas cualidades esenciales de los seres humanos para elevarlas a la categoría de un orden superior ilusorio e imaginario que trasciende nuestro mundo natural.

10. ¿Es Dios una ilusión?

Yo considero que Dios es una ilusión, porque Dios es una construcción de la mente humana. Dios es una experiencia subjetiva, un sentido, un consuelo contra nuestra finitud, en fin, una experiencia interior del ser humano que emerge como consecuencia de procesos bioquímicos generados en las constelaciones neuronales del cerebro humano, como está evidenciando el desarrollo de la neurociencia moderna. Para el neurocientífico español Francisco Mora, Dios es una abstracción hecha por el cerebro humano sin capacidad de ser contrastada por la realidad. No existe evidencia de ningún ser más allá del proceso evolutivo.

2

POR QUÉ SIGO SIENDO DEÍSTA Y, A LA VEZ, TEÍSTA «JESU-CRISTIANO»

Jesús Martínez Gordo [1]

En este capítulo, después de exponer la diferencia existente ente el agnosticismo metodológico y el metafísico, así como la singularidad del deísmo, y, en concreto, del panenteísmo, el autor pide que el diálogo se efectúe no tanto con lo que un ateo o antiteísta entiende que ha de creer un cristiano-católico cuan-

---

[1]   Jesús Martínez Gordo, sacerdote diocesano de Bilbao; catedrático emérito en la Facultad de Teología del Norte de España (sede de Vitoria); miembro y profesor de Cristianisme i Justicia (Barcelona); ha sido miembro y profesor del Instituto Diocesano de Teología de Bilbao; profesor invitado del Instituto Superior de Ciencias Religiosas Pío XII, de San Sebastián, y de la Pontificia Facultad Teológica de la Italia Meridional (sede de Capodimonte), en Nápoles (Italia); auxiliar del equipo ministerial de la unidad pastoral de Basauri (Vizcaya). Algunas de sus publicaciones más recientes son *Verdad y revelación cristiana. La teología fundamental veritativa en la modernidad*. Vitoria, ESET, 2011; *¿Es Dios una proyección?* Bilbao, IDTP-DDB, 2014; *La conversión del papado y la reforma de la Curia vaticana*. Madrid, PPC, 2014; *«Estuve divorciado y me acogisteis». Para comprender «Amoris laetitia»*. Madrid, PPC, 2016; *Ateos y creyentes. Qué decimos cuando decimos «Dios»*. Madrid, PPC, 2019; *Entre el Tabor y el Calvario. Una espiritualidad «con carne»*. Madrid, HOAC, 2021.

to con los argumentos y datos que aporta. Y, a la vez, expone la conexión que percibe entre el deísmo panenteísta y su convicción teísta –que tipifica como teísmo «jesu-cristiano»–, así como la razonabilidad de esta última, su potencial humanizador y su enorme pluralidad.

Me gustaría que estas líneas ayudaran a resaltar dos puntos que entiendo relevantes, tanto a partir de lo leído desde la publicación de *Ateos y creyentes. Qué decimos cuando decimos «Dios»*, como de lo dialogado con diferentes personas y, sobre todo, con Alejandro Sota.

En el primero de los puntos expongo la perspectiva y explicación deísta desde la que hablo y escribo, apoyado, de manera empática y crítica, a la vez, en Baruch Spinoza. Creo que poco o nada tiene que ver con lo que entiende por «Dios» mi buen amigo Alejandro Sota en el diálogo que mantiene conmigo, probablemente porque intuye que tal imaginario es compartido por mí. Nada de eso.

Y en el segundo de los puntos me adentro en las razones por las que, además de ser un deísta racionalmente consistente, me reconozco como un «teísta jesu-cristiano».

1. Por qué sigo siendo un deísta racionalmente consistente

Puede sonar a demasiado simple, pero es necesario indicar que diferencio lo que son las explicaciones agnósticas de las ateas, y a estas de las antiteístas. Y, afinando un poco más, dentro del agnosticismo, el metodológico del metafísico o filosófico.

a) El agnosticismo metodológico

Según el metodológico, «Dios», al no poder ser descrito lógico-matemáticamente con comprobación empírica, es una hipótesis que queda entre paréntesis o en suspenso, ya que no se puede demostrar su existencia de manera material, ni para afirmarla ni para negarla. O, dicho de otra manera, al no poder trasladar su existencia a una formalización lógico-matemática con comprobación empírica, es decir, al no poder ser medido, pesado, tocado, olido, visto o reproducido técnicamente, lo más correcto es abstenerse.

Ahora bien –prosigue esta clase de agnósticos–, que no sea posible afirmarlo ni negarlo lógico-matemáticamente con comprobación empírica no quiere decir que se trate de una proposición inconsistente desde el punto de vista racional y argumentativo.

Más bien quiere decir que lo que se dice cuando se dice «Dios» no es reductible a las características que presenta una realidad empírica o material, como lo puede ser una barra de pan, un océano, una estrella, un libro, una persona o un animal. Como tampoco lo son Antoni Gaudí o William Shakespeare, ya que no es posible mantener con ellos una relación personal por ejemplo, para tomar un café– que nos permita comprobar ahora su existencia de manera empírica. Pero sabemos que sí es posible tener un cierto conocimiento de su existencia gracias, sobre todo, a los monumentos y textos que nos han dejado, sin dejar de reconocer por ello que A. Gaudí no es reductible, por ejemplo, a la Sagrada Familia, ni W. Shakespeare a *Hamlet*. Afortunadamente, son bastante más que sus obras, por referenciales que puedan resultar.

Por tanto, desde un punto de vista estrictamente científico-empírico, lo racionalmente procedente es abstenerse, sin afirmar ni negar dichas existencias, ya que es un asunto que se ha de plantear y resolver en otro plano de la investigación y del discurso racional que no sea el propiamente empírico: por ejemplo, en el histórico o en el argumentativo y filosófico. Tal es la posición del agnosticismo metodológico. Y tal es la razón por la que los partidarios de esta clase de agnosticismo no entran en el debate sobre las explicaciones y teorías (incluidas las pretendidas o presentadas como «científicas»).

Y, si entran a ellas, lo hacen conscientes de que ya no se mueven en el plano de las evidencias lógico-matemáticas con comprobación empírica, sino en el de las explicaciones, es decir, en el de la teoría argumentada a partir de determinadas evidencias o de otras clases de razones que sean consistentes.

De ahí, la oportunidad y necesidad de cuestionar, por motivos racionales, todas aquellas explicaciones que huyen del debate sobre su consistencia racional, pretendiendo dotarlas y refugiarse en evidencias científico-empíricas o materiales, como creo que reivindica Alejandro Sota. La suya, como la que yo expongo, es una explicación filosófica: en su caso, ateológica; para nada «científica» y sí anclada en una filosofía o explicación materialista. Bienvenida sea, porque –le guste o no– lo hace como un pensador o filósofo antiteísta, apoyado en los argumentos y razones a los que se prestan las evidencias científico-empíricas que se van alcanzando. Por tanto, queda abierta –como la mía– al diálogo sobre su mayor o menor consistencia racional.

He aquí uno de los puntos centrales del debate que mantenemos con ocasión del libro *Ateos y creyentes. Qué decimos cuando decimos «Dios»*.

b) El agnosticismo metafísico o filosófico

El segundo tipo de agnosticismo, el metafísico o filosófico, rompe con la abstención reseñada por los metodológicos y –mutado, con frecuencia, en ateísmo cientifista– propone como racionalmente consistente una explicación que, pretendidamente «científica», demostraría la no existencia de lo que se dice cuando se dice «Dios», porque no puede ser formalizada lógico-matemáticamente con comprobación empírica por todos y cada uno de nosotros en el presente. O dicho de otra manera: porque no es posible hablar, tocar o tomar un café con «Dios». Y entiendo que, aplicando el mismo método, tampoco es posible tocar o tomar café en nuestros días con A. Gaudí o con W. Shakespeare.

Tal es la tesis central –de orden epistemológico– del ateísmo cientifista, en particular de los partidarios de una explicación materialista bruta. Y tal es también la incoherencia epistemológica que tienen pendiente resolver.

Entiendo que no les queda más remedio que aparcar su extralimitación y reconocer que la falta de información a la que conduce la absolutización –en este caso– de la metodología científico-positiva –es decir, la que los lleva a proclamar la inexistencia de A. Gaudí o W. Shakespeare a partir de la imposibilidad de tomar un café con ellos en la actualidad– se solventa empleando otra clase de metodología científica y racional: la propia, por ejemplo, del saber histórico o la del discurso argumentativo contemplando o leyendo sus obras.

Por fortuna, podemos hablar de manera racionalmente consistente tanto de la existencia de A. Gaudí como de la de W. Shakespeare, aunque nos resulte imposible, a todos y cada uno de los que vivimos hoy, hablar o tomar dicho café con ellos, y así comprobar su existencia de manera científico-empírica o material. Y lo podemos hacer –perdón por la reiteración– porque existen, además de dicho saber lógico-matemático con comprobación empírica, otros –por ejemplo, el histórico–, y las «evidencias» o «pruebas» que son sus respectivas obras artísticas y que, en el caso, de lo que decimos cuando decimos «Dios», son, entre otras, el cosmos, la vida y el ser humano con sus respectivas historias.

La explicación o la filosofía antiteísta, de corte cientifista y materialista, que asume y defiende Alejandro Sota –en total sintonía, entre otros, con R. Dawkins–, está interesada en mostrar la mayor consistencia irracional de todas y cada una de las explicaciones deístas o teístas, puesto que no hay «pruebas» o «evidencias» científico-empíricas o materiales de lo que decimos cuando decimos «Dios». Y lo hace descartando y despreciando las huellas, murmullos, señales, anticipaciones o destellos a partir de los cuales es posible percibir y hablar de su presencia, incluso si, como sucede en el libro que comentamos, son las evidencias científico-empíricas que se van alcanzando en la investigación del cosmos –gracias a la astrofísica–, de la vida –gracias a la protobiología–, del ser humano –gracias a la antropología– y del devenir del mundo y de la historia humana.

Y, sin embargo, mi buen amigo no tiene problema alguno en sostener, para sorpresa de una persona amante del rigor y de la coherencia lógica, que la existencia de A. Gaudí o de W. Shakespeare están científico-empíricamente fundadas por los registros que hay de ellos en la Wikipedia...

c) La pluralidad de la creencia

Así pues, si tan matizadas son las explicaciones agnósticas, ateas y antiteístas, otro tanto hay que decir de las creyentes. Por eso no creo que sea un exceso reivindicar que se tenga igual o parecida consideración con la diferencia existente entre el deísmo y el teísmo, no poniendo entre paréntesis la rica variedad de ambos; y, particularmente, de este último. La atención a esta rica pluralidad –también detectable entre los ateos– es la que me lleva a reivindicar el reconocimiento de tanta o de igual pluralidad entre los creyentes; y, sobre todo, la consistencia racional de la perspectiva deísta desde la que está escrito el libro.

Esta es la razón por la que me parece necesario exponer la consistencia racional que presenta dicha perspectiva deísta; y, en un momento posterior, la del deísmo panenteísta, la posición que, asumida por mí, entiendo que es la que ha de tener presente quien quiera dialogar conmigo. Por tanto, no es correcto proyectar, en lo por mí escrito, tesis que me son totalmente extrañas y que son propias, por ejemplo, de un veterocatolicismo tridentino, recogido en los catecismos de Astete y Ripalda.

Por desgracia, es un modo de proceder bastante frecuente en los diálogos con muchos ateísmos. Y más si son beligerantemente antiteístas. Sospecho que proceden de esta manera porque buscan desmarcarse de un catolicismo que, estudiado –y es posible que padecido– en la infancia o en adolescencia, entienden que es la posición asumida y aceptada por todos los creyentes o que, al menos, tendría que ser la de todos los católicos. Craso error.

Hace tiempo que formamos un grupo nutrido los que también somos «ateos», es decir, nos hemos desmarcado de tales imaginarios de Dios, de la misma manera que –en su día ellos y nosotros– pasamos del geocentrismo al heliocentrismo. Pues por las mismas razones hemos pasado del imaginario de un Dios juez implacable o con barbas blancas a otro, conjunción, por ejemplo, de amor asimétrico *(agape)* y justicia, y, por ello, amor que discrimina positivamente. La teología, como los restantes saberes, también es histórica.

Supongo que el imaginario que acabo de indicar, porque habla de un amor no igualitario, sino asimétrico y con preferencias, también le parecerá a mi buen amigo –siguiendo, de nuevo, la pista de R. Dawkins– otra «prestidigitación teológica» o, en expresión más suya, una «sofisticación teológica». Si no me equivoco, tales calificaciones muestran los problemas con que acaban encontrándose quienes asumen la descripción y conceptualización unívoca, propia de la descripción lógico-matemática, como la única digna de ser tenida en cuenta.

Y, en continuidad con tal absolutización de la univocidad, la decisión –racionalmente inconsistente– de no tomar en consideración la paradójica unidad de movimiento y regularidad que se constata en las evidencias astrofísicas o de materia y leyes que se comprueba en el saber protobiológico o de mismidad y excentralidad que se muestra en la antropología cultural contemporánea. Es tal paradójica unidad la que me permite hablar –porque la unidad de la realidad es más importante que la absolutización de la descripción y conceptualización unívoca– de «regularidad asimétrica» (en el caso de la astrofísica), de «materia legiforme» (en el de la protobiología), o de «mismidad excéntrica» (en el de la antropología).

Entiendo que los filósofos y ateos cientifistas, apostando solo por el lenguaje unívoco y únicamente descriptivo –y extrapolándolo a toda la realidad– tienen insuperables dificultades para hacerse cargo, de manera racional, de tales paradójicas unidades, ya sean las específicas de cada una de las disciplinas científico-positivas indicadas, ya sea la de la totalidad de todas en conjunto.

A diferencia de ellos, sostengo que es racionalmente más consistente reconocer la existencia de conceptos claros y distintos como el lenguaje propio de las pruebas o evidencias científico-empíricas. Y, a la vez, reconocer también la existencia de otras conceptualizaciones que, fruto de describir la paradójica unidad de diferentes evidencias científico-positivas, se corresponden a la unidad, igualmente paradójica, de la realidad. Y por eso son percibidas y descritas como tales.

Es esta paradójica unidad la que pide ser respetada en su singularidad (por más que chirríe a quienes son partidarios, solo y exclusivamente, del lenguaje unívoco y descriptivo o, lo que es lo mismo, de la conceptualización lógico-matemática). Y es tal unidad –ya sea la cósmica, la protobiológica y la antropológica– la que se presta –por separado y en conjunto– a una gran pluralidad de explicaciones filosóficas, teológicas y ateológicas, aunque no todas igualmente consistentes desde el punto de vista racional; incluidas las que se autopresentan como «científicas» o, mejor dicho, «cientifistas». Estos son tambien –así lo entiendo– los términos del diálogo en el que nos encontramos inmersos.

d) El deísmo a partir de Baruch Spinoza

Pero, antes de ampliar este punto, creo necesario exponer qué es el deísmo, la perspectiva desde la que he escrito el libro que comenta críticamente Alejandro Sota y desde la que están escritas una buen aparte de sus páginas y, por supuesto, estas. Me adentro en este punto de la mano –empática y crítica a la vez– de quien fue su inspirador principal: Baruch Spinoza (1632-1677).

– *Revelación sobrenatural y conocimiento natural.* Dios, sostuvo el filósofo judío, al ser el autor de todo conocimiento, no solo lo es de la llamada revelación sobrenatural –recogida en las Escrituras–, sino también del entendimiento natural. Por eso entendió que esta última forma de saber –y la razón que lo posibilitaba– igualmente debía ser reconocido como un modo del conocimiento divino y, en este sentido, como «revelación», habida cuenta de que Dios estaba presente en todas partes y todo le era manifiesto.

Por ello, continuó, al ser el origen y fundamento de todos los modos de conocimiento, es imposible que exista contradicción alguna entre ellos. Eso quiere decir que, en caso de conflicto, había de prevalecer el natural.

Esta fue, por relación a sus predecesores, su aportación más definitiva y la que le provocó infinidad de dolores de cabeza. Pero, a la vez, la que explica que no entendiera la revelación sobrenatural –con sus anuncios de un «pueblo elegido», de una «alianza histórica», de los milagros o de los «misterios»– como conocimientos propios de una razón en libertad. Y, por ello, como información a la que tuviera que doblegarse. De ahí su máxima de que entre la razón natural y la revelación sobrenatural no había –ni debía haber– «ningún comercio, ningún parentesco» que sometiera la primera a los dictados de la segunda. Y de ahí que entendiera que lo tipificado hasta entonces como «misterio» era, en realidad, algo desconocido e inalcanzable, y, por ello, listo para ser investigado y, cuando fuera posible, conocido.

Argumentando de esta manera cuarteó los imaginarios que –fundados únicamente en la autoridad de la Escritura– percibían providencialistas e irracionales. Y puso las bases para un nuevo modo de pensar lo que decimos cuando decimos «Dios» –como ya defenderá con toda claridad I. Kant– dentro de los límites de la racionalidad humana.

Esta matizada posición explica que formulara y propusiera un nuevo imaginario de «Dios», pero enfatizando –y, a la vez, adelantándose de nuevo a I. Kant– la justicia y la caridad como sus notas más determinantes: «Existe un ser supremo [...] al que deben obedecer todos para salvarse, y al que deben adorar mediante la práctica de la justicia y la caridad hacia el prójimo» *(Tratado teológico-político,* cap. XIV). Dicha primera tesis –fundada, no ha de olvidarse, en la presencia de Dios en todas partes, pero también en el testimonio escriturístico– es la clave de bóveda de lo que calificará como el «credo mínimo»: el «ser supremo, sumamente justo y misericordioso», además de «único», se re-crea en la práctica «de la justicia y de la caridad» o del «amor al prójimo». Tal es el culto y la obediencia que le agradan.

Y tal es lo que desde entonces se entiende por deísmo: la razón en libertad le permitía percibir «en todas partes» y, de manera particular, en la justicia y en la caridad, las transparencias de un Dios «justo y misericordioso».

– *Mejor «unidad paradójica» que «misterio».* Pero no todo es sintonía, al menos en mi caso, con la posición deísta de B. Spinoza: no comparto su descalificación, sin matices, de lo que entiende por «misterio». Es cierto que estoy de acuerdo con él en las razones por las que se desmarca del empleo de tal concepto en una buena parte de sus contemporáneos –y también en los míos, sean creyentes o increyentes–, pero, a diferencia de él, sostengo que tiene sentido seguir empleándolo.

Yo entiendo que la razón que le permitía proponer, a partir de las transparencias de la justicia y de la caridad, su «credo *minimum»,* es la misma que también me permite constatar, percibir y experimentar las huellas a partir de las cuales es posible balbucear algo de lo que decimos cuando decimos «Dios» no solo en la práctica de la justicia o en la promoción de la caridad, sino también –como he adelantado– en el cosmos (gracias a los descubrimientos de la astrofísica); en la vida (gracias a los de la protobiología); en el ser humano (gracias a los de la antropología) y en la historia (gracias a la razón en libertad). Y lo puedo balbucear sin dejar de reivindicar la consistencia racional de lo que es un «misterio» como articulación paradójica, conjunción o «unidad», por ejemplo, de regularidad –trasladable al concepto en forma de leyes universales y empíricamente comprobables– y salto cualitativo –irrupción o emergencia de lo inédito, sorprendente, descolocante e imprevisible–, tal y como se constata en el proceso expansivo del cosmos.

Es la atención a tales evidencias científico-empíricas y a su sorprendente conjunción la que me lleva a recuperar el concepto de «misterio», entendido, a diferencia de B. Spinoza, no como refugio de la ignorancia o de la ociosidad intelectual, sino como «unidad paradójica» de expansión y legiformidad o de movimiento y regularidad; dos tipos de evidencias que –radicalmente incompatibles para los antiteístas cientifistas y materialistas brutos, en particular cuando absolutizan la lógica y el discurso descriptivo y unívoco– se dan unidas en la realidad, en este caso, astrofísica.

Eso es lo que llamo «misterio» o «unidad paradójica» que, irreductible e inatrapable por el lenguaje lógico-matemático con comprobación empírica, es constatable en la realidad a partir de las evidencias científico-positivas. Y que, precisamente, como consecuencia de tal inatrapabilidad e irreductibilidad a dicho lenguaje unívoco, requiere un tipo de conceptualización –en este caso, paradójica– y de una razón argumentativa y explicativa, racionalmente consistente. Se trata del lenguaje y de los conceptos que, porque describen la «unidad paradójica» de la realidad astrofísica, protobiológica y antropológica, son tipificables como paradójicos.

Como resultado de ello emergen expresiones tales como de «regularidad asimétrica», para describir la unidad constatable en la astrofísica a partir de la conjunción de evidencias que quiebran el discurso y la formalización descriptiva y unívoca. Y, todavía más, su absolutización. Sencillamente, porque el concepto y el lenguaje «paradójicos» describen y se hacen cargo de la unidad paradójica que es constatable, en este caso, en la realidad astrofísica.

Pero otro tanto hay que decir cuando se recurre a la expresión «materia legiforme» (en la protobiología) o a la de «mismidad excéntrica» (en la antropología). Se trata de formulaciones racionalmente coherentes –además de lógicas–, atentas a la unidad de la realidad.

Este es también otro de los terrenos de diálogo entre creyentes e increyentes; en particular, cuando se intenta resolver o probar una hipótesis filosófica o explicativa como si fuera una descripción lógico-matemática, necesitada de comprobación empírica; para nada atendiendo a la singularidad que provoca la existencia en la realidad de «unidades paradójicas». No creo que sea racionalmente consistente pretender resolver una explicación recurriendo a la metodología propia de una descripción.

Tal es mi reivindicación del «misterio» o de la «unidad» y mi desmarque, total y sin paliativos, de la extrapolación que atenaza, de manera particular, al antiteísmo de matriz cientista y materialista de

R. Dawkins, el maestro filosófico de mi buen amigo Alejandro Sota, marcando –así lo creo– un punto capital de discrepancia, con consecuencias –a veces determinantes– en el plano de las explicaciones filosóficas y teológicas.

e) La fortaleza racional del deísmo panenteísta

Pero, cerrando este apartado dedicado al deísmo en diálogo con B. Spinoza, tengo que decir que hay por lo menos dos clases de deísmo: el panteísta y el panenteísta. Para el primero de ellos, «todo es Dios, sin distinción y sin separación», mientras que, para el segundo, «en el todo se transparenta Dios como uno».

Este último es el deísmo desde el que está escrito el libro que comentamos y desde el que defiendo su mayor consistencia racional frente a las explicaciones –no se olvide, filosóficas– tanto aleatorias y azarosas como materialistas brutas a las que, en concreto, también se apunta Alejandro Sota.

Remito al lector interesado a las páginas del libro en las que expongo la imposibilidad científico-empírica y lógico-matemática de uno de los más famosos mitos modernos en el que se funda la explicación aleatoria o azarosa: seis monos, introducidos en una jaula con un ordenador, serían capaces de escribir, por puro azar o casualidad, un soneto de W. Shakespeare compuesto por 488 palabras. Formulada tal hipótesis, se alojó a seis simios –durante un mes– en una jaula con un ordenador. El resultado de su actividad azarosa fueron cincuenta páginas de texto, pero ni una sola palabra de al menos una sola letra –una A o una Y, por ejemplo– a la que antecede un espacio y a la que sucede otro.

Conocido el resultado del ensayo, sentenció A. Flew, no quedaba más remedio que concluir que el azarismo o la explicación aleatoria del origen del cosmos era una absurda «basura» lógico-matemática, imposible de ser comprobada empíricamente. Sin embargo, en nuestros días, todavía es muchísima la gente que cree que los monos podrán escribir alguna vez un soneto. Si tal es la consistencia de la explicación azarosa o casualista, invito al lector a imaginarse la que puede presentar la hipótesis de la aparición de la vida por puro azar o casualidad...

E igualmente remito al lector interesado a aquellas otras páginas en las que, diferenciando la materia inerte de la viva como articulación de materia y leyes, se muestra la consistencia racional de preguntarse por qué se da dicha conjunción, a qué se debe tal unión y qué –e incluso quién– se está transparentando en semejante articulación o unidad paradójica. Nada que ver con la afirmación, propia de la explicación materialista, de que solo hay materia y nada más que materia, o empeñarse en sostener –como lo hace mi buen amigo– su eficiencia y absolutez, es decir, que la materia no está originada ni es causada y, por ello, es eterna o autocontenida. Si se me permite otra amable ironía, en dicho discurso –o, mejor dicho, en tal dogmática materialista– aprecio todo un ejemplo de la calidad «científica» del cientifismo materialista, así como de sus problemas para diferenciar y articular lo que ellos entienden por materia con lo que es la realidad como unidad –de nuevo paradójica– de materia y leyes...

Esta consideración me adentra en el siguiente de los apartados de mi presente aportación, el referido a mostrar la consistencia racional del deísmo panenteísta a partir, en primer lugar, de las evidencias científico-empíricas que permiten mostrar como racionalmente consistente que el cosmos no es eterno, que tiene un inicio y un final previsible. Y, en segundo lugar, de la existencia en la materia viva –a diferencia de en la inerte– de una paradójica unión de materia y leyes, perfectamente ensambladas y relacionadas entre sí, y de un ajuste fino. O, en tercer lugar, de la igualmente unión paradójica –constatable gracias a la antropología cultural, ocupada en mostrar la diferencia y singularidad del ser humano con respecto del animal–

entre mismidad y excentralidad o entre «vagabundeo cósmico», eterna insatisfacción y existencia de aquello que decimos cuando decimos «Dios» como la explicación racionalmente más consistente de tales eterna insatisfacción y «vagabundeo cósmico».

– *A partir de un cosmos que no es eterno ni autocontenido, sino finito.* En el tránsito o conversión de A. Flew al deísmo me llamó la atención que dijera haberlo hecho no por debilidad mental o como consecuencia de su avanzada edad, sino porque era la explicación racionalmente más consistente a la luz de las evidencias o pruebas empírico-racionales que se venían alcanzando en la cosmología. Mi conversión, dijo, no tiene nada que ver con la fe ni con las Iglesias o las confesiones religiosas, sino con la máxima que Platón atribuye a Sócrates en su *República:* debemos seguir la argumentación hasta donde quiera que nos lleve. O, lo que es lo mismo, hemos de orientar nuestra investigación por «la búsqueda de argumentos válidos que conduzcan a conclusiones verdaderas».

Este descubrimiento del deísmo, apuntó, ha sido, al menos en su caso, el resultado de «una peregrinación de la razón», activada a partir del momento en el que se percató, gracias a la teoría del *Big Bang,* de que el cosmos no es eterno, sino que tiene un principio, una historia y un final previsible. Cuando se enteró de esta evidencia, más allá de la consistencia que pueda presentar la teoría en cuanto tal, se dio cuenta de que tenía, como ateo, un serio problema. La teoría del *Big Bang* estaba proporcionando a los deístas una prueba contundente de que el universo había tenido un comienzo, desmoronándose, por tanto, la tesis de que era eterno al no tener ni principio ni fin. Fue entonces cuando se percató de que ya no era racionalmente consistente la explicación materialista bruta y seguir defendiendo que las causas que operan en el cosmos son eficientes por sí mismas, es decir, que el cosmos y el mundo eran eternos o, dicho de otra manera, autocontenidos (S. Hawking). Tal axioma había sido derrumbado por la teoría del *Big Bang,* requiriéndose una «explicación externa» del cosmos y del mundo, algo que pasaba por la existencia de una Causa primera, desencadenadora de la explosión inicial.

Y es esta sorpresa la que explica que A. Flew diga –poniendo en su sitio al ateísmo cientifista y al materialismo bruto al que había estado abonado hasta entonces– que los científicos, buscando una explicación que fuera más allá de la mera descripción lógico-matemática con comprobación empírica, también podían aportar la suya. Y discrepar de lo que otros pensadores propusieran, pero todos –ellos, y nosotros con ellos– teníamos que ser conscientes de que la competencia científica –ocupada en mostrar o describir «cómo» es el mundo, no «qué» o «por qué» es– no proporciona –como ya he adelantado– ninguna cualificación especial cuando llega el momento de examinar esa cuestión, de la misma forma que el ser una estrella de béisbol no facilita «ninguna clarividencia adicional» para «valorar las ventajas profilácticas de cierta pasta dentífrica».

Cuando nos encontramos con científicos metidos, legítimamente, a filósofos –ya sean creyentes o ateos, partidarios, por ejemplo, de una explicación materialista bruta–, nos topamos con personas que, porque no diferencian el «describir» –lógico-matemáticamente con comprobación empírica– y el «explicar» –de manera racional, a partir de las pruebas científico-empíricas alcanzadas–, acaban dotando a sus explicaciones de una imposible e ingenua aureola de cientificidad. Albert Einstein calificó como «mediocres» a estos científicos, sencillamente porque pretendían sentar cátedra «científico-empírica» sobre explicaciones cuya consistencia veritativa solo es posible evaluar a partir de su mayor o menor consistencia racional.

Este es, si se me permite la expresión, un «misil argumentativo» a la línea de flotación, por supuesto del deísmo cientifista, pero también –como reconoce el mismo A. Flew– del ateísmo y del antiteísmo cientifistas o de la filosofía materialista bruta en los que él había militado a lo largo de la segunda mitad del siglo XX. Y en el que seguía militando R. Dawkins. Y, con él, en el de quienes le hacen la ola.

Así pues, es racionalmente más consistente sostener que algo o alguien –que se nos escapa– se encuentra en el origen del cosmos y se está transparentando como sorprendente conjunción o unidad paradójica, en este caso, de legiformidad o regularidad y de asimetría o expansión.

De regularidad, porque tenemos conocimiento de la existencia de leyes que –matemáticamente precisas, además de universales e interrelacionadas entre sí– permanecen inalterables desde el *Big Bang,* es decir, desde los primeros momentos del cosmos. Es lo que se puede comprobar estudiando los fotones que se siguen detectando en la actualidad y que fueron emitidos por átomos de hierro de una galaxia lejana cuando se produjo dicho *Big Bang:* hace 13.700 millones de años. Si se comparan con las propiedades emitidas por otros fotones de hierro en laboratorio, se comprueba que son las mismas. Existen, por tanto, leyes que no cambian. Y, a la vez, un permanente movimiento de modificación, alteración y transformación. En definitiva, una sorprendente y paradójica unidad cósmica.

A la luz de esta constatación ya no es posible sostener la explicación materialista bruta ni la tesis –tenida, hasta no hace mucho, como un dogma filosófico intocable– de que las leyes que operan en el mundo son eficientes por sí mismas o, lo que es lo mismo, que el cosmos es autocontenido, es decir, eterno y, por ello, no causado. Más bien hay que reconocer la conjunción de una imparable modificación con una permanencia inmutable, es decir, la existencia de una paradójica unidad de regularidad *y* sorprendente novedad. A lo que se transparenta en esta paradójica unidad de imparable modificación y sorprendente regularidad es a lo que los deístas, en este caso panenteístas, nos referimos cuando decimos «Dios»; una realidad cuya existencia constato en las pruebas o evidencias de la astrofísica y, a la vez, cuya racionalidad se me escapa (porque no soy capaz de verterla en discurso lógico-matemático con comprobación empírica). Pero está ahí, existiendo como «Algo» o como «Alguien».

Pero no solo eso. Cuando digo «Dios», también me refiero a lo que, según diferentes hipótesis, explicaría la existencia misma del cosmos a partir del *Big Bang* (y, por tanto, su no eternidad, o su no autocontención, o su no infinitud). En concreto, a lo que explica la existencia, según diferentes hipótesis astrofísicas, de «un caldo de materia informe» a una temperatura de miles de millones de grados que, una vez explotado –o, mejor, explosionado–, comenzó a expandirse en todas las direcciones, alejándose sus puntos, unos de otros, de manera uniforme. O de una «crema espesa de partículas elementales» o, quizá, de una «espuma caótica de espacio-tiempo» con «una densidad energéticamente alta» u otras descripciones. Eso que está en el origen de tales hipótesis –frutos, por otra parte, de la inevitable fantasía creadora sin la que no es posible imaginar dichas hipótesis– es lo que, con un lenguaje más racional y filosófico se explica como la existencia de una Causa incausada y eficiente, esto es, lo que, como deísta, también digo cuando digo «Dios».

Con la astrofísica pasa algo parecido a lo que sucede entre el artista y su obra: que en esta última se transparenta la existencia y genialidad de su autor, sin llegar a confundirse con ella, y, por tanto, sabiendo algo del creador, aunque no todo. Nosotros conocemos la existencia de A. Gaudí gracias a la Sagrada familia, o de la de W. Shakespeare en *Hamlet,* porque entre el autor y la obra existe una unidad que, en el caso de la astrofísica, se transparenta y constata como paradójica conjunción de novedad, sorpresa, salto cualitativo y, a la vez, de regularidad, universalidad o legiformidad.

A esto me refiero cuando digo «Dios existe»: ese «Algo» o «Alguien» que, transparentándose en la realidad cósmica, protobiológica, antropológica e histórica, es perceptible como unidad, inteligencia, poder, orden o amor, sin confundirse ni reducirse a materia o aleatoriedad. Y se hace perceptible como existente por sí mismo, independientemente de su obra. Esto es lo que digo cuando digo «Dios». Conocemos su existencia, pero nunca podríamos demostrarla como si fuera un objeto más, como si fuera una fruta, una barra de pan, un animal, una isla, un continente o un fotón. La obra no es el autor.

Y a esto también me refiero cuando hablo –como he indicado– de la existencia de Dios como un misterio: constatación, desmarcándome de B. Spinoza, de la existencia de tales conjunciones y articulaciones, tan sorprendentes como provocadoras; no como el refugio de los intelectuales vagos y ociosos.

A mí, esto no me deja indiferente: puedo percibir, de manera racionalmente consistente, la existencia de lo que digo cuando digo «Dios» como sorprendente o paradójica unidad en sus transparencias, señales, murmullos o anticipaciones, en este caso, astrofísicas. Y disfrutar de ellas.

– *A partir de las evidencias de la protobiología*. Pero otro tanto se comprueba a partir de las evidencias científico-empíricas que se vienen alcanzando en la protobiología. En este saber se constata, como he adelantado, que la diferencia entre la materia inerte y la viva reside en que la segunda, en contraste con la primera, es paradójica conjunción de materia y leyes, perfectamente ensambladas y relacionadas entre sí. Y que, gracias a dicha paradójica conjunción, la materia va evolucionando, a lo largo de cientos de millones de años, asociándose y formando estructuras cada vez más complejas hasta llegar a las primeras moléculas; y, a partir de ellas, a la vida humana.

Semejante proceso evolutivo, fruto de la unidad entre materia y leyes, permite sostener como racionalmente sólido la existencia de un ajuste fino según el cual son seis las leyes que presiden la evolución de la materia inerte a la viva (Martin Rees). Sabemos, además, que, si hubieran sido diferentes, no habría habido ni mundo ni vida, es decir, no se habría salido del caos inicial y, por tanto, no habría sido posible la vida. Por eso se habla de «ajuste fino», más allá de que otra diferencia entre la materia inerte y la viva sea que esta última se comporte de manera teleológica, autoconsciente y autorreplicante, es decir, apuntando hacia la vida y vida humana.

Me encuentro, de nuevo, con la conjunción o unidad paradójica de simplicidad y complejidad, de materia y leyes e, incluso, de inmensidad cósmica e infinita pequeñez en el genoma, santo y seña de otro rostro de la unidad, en este caso, protobiológica. A lo que se transparenta en tal paradójica unidad es a lo que los deístas panenteístas nos referimos cuando decimos «Dios», conscientes de que también se presta a diferentes explicaciones, siendo las deístas y teístas más consistentes racionalmente que las ateas y, por supuesto, que la antiteísta de matriz cientifista o las propuestas por las explicaciones partidarias de la filosofía materialista bruta o de la azarosa y de la aleatoriedad.

– *Y a partir de las pruebas de la antropología moderna.* Y, sin ánimo de agotar los saberes, constato lo mismo en la antropología moderna cuando, estableciendo la singularidad del ser humano en comparación con el animal, comprueba que el mundo no puede satisfacer sus indigencias y que por eso se autopercibe disparado o abierto hacia lo insospechado e incondicional, más allá de todo horizonte imaginativo.

En contraste con el animal, tiene conciencia de ser un «vagabundo cósmico» y un ser permanentemente insatisfecho. Cuando repara en ello, entiende como racionalmente consistente que semejantes «vagabundeo cósmico» e insatisfacción permanente solo pueden ser saciados por una Realidad que, estando más lejos de todas las limitaciones, tira hacia sí incesantemente, siendo, a la vez, inabarcable y esquiva.

Es otra manera de mostrar cómo en esta unidad paradójica o conjunción de mismidad o autorreferencialidad y excentralidad se está transparentando o murmurando eso que los partidarios de una explicación deísta de matriz panenteísta decimos cuando decimos «Dios». O lo que, siguiendo la pista abierta por W. Pannenberg, se denomina la «Realidad que todo lo determina» y que tan poco le gusta a mi buen amigo Alejandro Sota.

Invito a leer –a los interesados en conocer y evaluar las alternativas explicativas a este deísmo antropológico– las páginas que dedico a la prolongación y revisión crítica de la teoría de la proyección de L. Feuerbach en explicaciones tales como la apertura ilimitada, el «autoperfeccionamiento» y la nada frente a la partidaria del «futuro que tira de sí» y que se transparenta como fantasía creadora, confianza o esperanza.

f) Las transparencias o huellas de «Dios»

La singularidad de la unidad paradójica que se aprecia a partir de las evidencias que se vienen alcanzando en saberes tan dispares como la astrofísica, la protobiología y la antropología me permite sostener que, cuando digo «Dios», me estoy refiriendo, precisamente, a lo que se transparenta en dicha paradójica articulación de materia y leyes; de regularidad y asimetría; de simplicidad y complejidad o de autorreferencialidad y excentralidad. Y que de dicha realidad, perceptible en esta «unidad paradójica», conjunción o «misterio», se puede hablar de manera racionalmente consistente, sencillamente porque se está reflejando en toda la realidad, como su mejor y más argumentada explicación. Es más, que de dicho «misterio» se viene hablando y que el debate está centrado en precisar qué explicaciones –ateas, antiteístas, deístas o teístas– son las más sólidas.

Este es el dato, me dije, que merecía ser recogido y mostrado en un libro, incluida la pretensión de defender una explicación materialista bruta, en nombre de la «ciencia», como propone Alejando Sota.

2. Y por qué sigo siendo un «teísta jesucristiano»

Apuntado –aunque de manera concisa– por qué soy un deísta racionalmente consistente, me adentro en la segunda de las cuestiones planteadas en este diálogo con Alejandro Sota, dedicada a exponer el peso de haber nacido en una cultura católica y de su alcance en nuestro debate sobre la existencia de Dios.

Y, en conexión con ella, a mostrar los argumentos y motivos «incomparables» en los que descansa mi teísmo «jesu-cristiano». Entiendo que en el aborda-je de estos dos asuntos ya no se juega la consisten-cia racional del deísmo panenteísta, sino la «impor-tancia», oportunamente argumentada, de ser un teísta –como es mi caso– «jesu-cristiano» y, a la vez «uni-trinitario».

a) La importancia de la herencia creyente

Creo que conviene indicar que, desde el punto de vista histórico, no tengo problema alguno en reco-nocerme como un creyente católico, transformado en un «deísta», racionalmente consistente, y, a la vez, en un «teísta jesu-cristiano» y «uni-trinitario». Y soy esto último gracias a «una elección continua-da» que percibo como relativa en el diálogo con otras religiones y creencias o increencias, pero que vivo como incomparable y, en este sentido, absoluta.

Varios años después del fallecimiento de P. Ri-coeur, encontraron entre los papeles de este pen-sador francés unas hojas manuscritas en las que daba razón de la importancia que tenía para él la existencia de Dios. Recreo su testimonio, apoyado en la traducción hecha por Javier Elzo, el sociólogo guipuzcoano.

A la luz de esas hojas manuscritas me autocomprendo como «creyente católico» por razón de mi nacimiento y, más ampliamente, por la herencia cultural en la que me han educado. Arranco de este dato teniendo delante a quienes me puedan objetar que, si hubiera nacido en China, habría habido muy pocas probabilidades de que hubiera sido cristiano católico.

La verdad es que siempre que se me ha objetado esto, vendría a indicar el reformador P. Ricoeur, he solido responder que, por supuesto; pero que, cuando se argumenta de esa manera, quien formula la objeción ha de saber que ya no está hablando de mí, sino de otra persona: sencillamente, porque «yo no puedo escoger ni mis antepasados ni mis contemporáneos»; ni tampoco la cultura o la religión, en este caso, católica. Está fuera de toda duda que en mis orígenes creyentes hay –si miro la situación desde el exterior– esta indiscutible constatación: «Yo soy así por nacimiento y por herencia». He nacido y he crecido en la fe cristiana de tradición católica.

Pero también tengo que decir que he asumido esta herencia, por cierto, permanentemente confrontada, en el plano del estudio, a todas las tradiciones adversas o compatibles. Y que la he asumido convirtiéndola «en destino por una elección continuada», que entiendo razonada y argumentada. Es de esta «elección continuada» de la que «estoy obligado a rendir cuentas [...] por argumentos plausibles, esto es, dignos de ser argüidos en una discusión con protagonistas de buena fe que están en la misma situación que yo», en la medida en que se saben igualmente «incapaces de formular razonablemente las raíces de sus convicciones», sean del tipo que sean.

Por ejemplo, ¿cuántos de los muchos –y apasionados– hinchas con los que cuenta el Athletic de Bilbao lo serían si hubieran nacido en Barcelona, en Madrid, en Múnich o en Buenos Aires? La suya es una elección que, fruto de haber nacido donde se ha nacido –normalmente, en Vizcaya o incluso en el País Vasco y hasta fuera–, se ha ido convirtiendo en un destino gracias a una elección continuada. Y lo que digo de los hinchas del Athletic de Bilbao vale para la inmensa mayoría de los seguidores de casi todos los clubes del mundo.

Pero, prosigue P. Ricoeur, ¿qué quiero decir cuando sostengo que es un hecho convertido en un «destino por una elección continuada»? Pues, en primer lugar, que no tiene nada que ver con «una coacción, una carga insoportable o una desgracia», sino con la situación que presenta una convicción a la que me adhiero y en la que me mantengo: en el cristianismo percibo y experimento la relación con una «incomparable» persona –Jesús de Nazaret– en la que el Infinito, el Altísimo, se transparenta y se entrega como amor. No tengo ningún problema en que se catalogue tal relación, a la vez como relativa y absoluta.

«Relativa» desde el punto de vista de la sociología de las religiones. «La modalidad del cristianismo a la que yo me adhiero se distingue como una religión entre otras dentro [...] de la pluralidad característica de todos los fenómenos humanos», en este caso, religiosos. Pero también relativo desde el punto de vista del diálogo con la increencia en sus diferentes modalidades, ya que lo que digo cuando digo «Dios» es propuesto de manera argumentada y, por ello, consistente; nunca se impone. Como tampoco la increyente.

Quien las escucha queda invitado a evaluar dicha consistencia, pudiendo decidir aceptarla o rechazarla por las razones y motivos que estime más oportunos y convincentes.

Por ejemplo, yo puedo exponer argumentadamente las bondades del yogur griego o del vino de Rioja alavesa, pero sé que mi convicción, por muy fundada que esté, no es ni la primera ni la definitiva palabra. Esta la tiene mi interlocutor libremente y, si le parece, sopesando las razones que aporto u otras: puede suceder que mis argumentos sean muy sólidos, pero mucho más definitiva es su alergia a la leche o su rechazo del tanino o, simplemente, que le guste otra clase de yogur o el vino de la ribera del Arlanza... Pero no por eso dejará de ser «razonable» o carecerá de consistencia argumentativa la bondad del yogur griego o la excelencia del vino de Rioja alavesa. Este es el sentido de la relatividad en el diálogo interconviccional entre creyentes e increyentes.

Y, cerrando mi recreación de lo aportado por P. Ricoeur, vivo la existencia de este destino creyente como «absoluto», es decir, como «incomparable», sin dejar de estar marcado, a la vez, por su origen cultural, pero también por la percepción de sus transparencias en el cosmos, en la vida y en la historia y, por supuesto, en Jesús de Nazaret.

b) La «incomparabilidad» de ser un «teísta jesu-cristiano»

Pero, además de deísta por «elección continuada», soy un teísta «jesu-cristiano», porque si Jesús de Nazaret no era la anticipación en la historia de lo que decimos cuando decimos «Dios», lo merecía ser. Y además de «jesu-cristiano» soy «uni-trinitario», porque el imaginario de Dios resultante de lo dicho, hecho y encomendado por el Nazareno no es soledad, sino comunión en la diferencia.

Dejando para otro momento el abordamiento de este último punto –el referido a la «uni-trinitariedad»–, me toca ahora explicar las razones de semejante interés o, con palabras de P. Ricoeur, de mi «adhesión incomparable» y, por ello, «absoluta» a este singular personaje en cuya existencia percibo lo que digo cuando digo «Dios».

Tal percepción –y mi adhesión incomparable y, por ello, deferente– se encuentra fundada en los tres montes que vertebran su vida y en los que, activando mi interés por ellos, constato, de nuevo, una sorprendente o paradójica unidad de humanidad y de lo que digo cuando digo «Dios», a la vez consoladora y provocadora.

– *El programa de Jesús de Nazaret.* En primer lugar, el programa proclamado en el monte de las bienaventuranzas y en la parábola del juicio final: caricia para los pobres, hambrientos, sedientos, perseguidos, descamisados, etc., y permanente provocación para otros tantos que facilitan, consienten o son indiferentes a tales males; un programa, por cierto, que todavía tiene la virtud de movilizar lo mejor de lo que hay en mí, por poco que sea, entre otras razones, porque todavía está pendiente de realización o cumplimiento.

Este programa sí me sigue interesando. Y mucho. De ahí que agradezca que se me recuerde, por ejemplo, todos los domingos o, por lo menos, de vez en cuando.

– *Los calvarios actuales.* En segundo lugar, el monte Calvario y el escándalo de su constante actualización en tantos calvarios contemporáneos y a lo largo de la historia, juntamente con los testimonios alentadores y consoladores de cientos de millones de personas y millares de instituciones «samaritanas» que han luchado –y lo siguen haciendo en la actualidad– por su erradicación, al precio incluso de acabar achicharrados. O que, por lo menos, se esfuerzan por evitar su existencia. O, cuando no queda más remedio, por paliar sus efectos.

Nada que ver con lo que Francisco llama la «globalización de la indiferencia» y sí mucho que ver con el «deber de la fraternidad». Este Dios, crucificado y samaritano, sí me interesa. Me es deferente. Y cada día más.

– *Las anticipaciones del final.* Y, en tercer lugar, recurriendo a una expresión muy típica en la explicación evolucionista, el salto cualitativo, la sorpresa, la novedad o lo inaudito del monte Tabor o, lo que es lo mismo, de lo que se dice cuando se dice que existe la Vida en plenitud, es decir, la resurrección, de la que Jesús fue su anticipación en la historia.

Encuentro infinidad de chispazos de este monte. Los teólogos más cuidadosos con el concepto y sus mediaciones se suelen referir a ellos denominándolos, desde Melchor Cano, «lugares teológicos». Algunos de ellos más clásicos son las diferentes celebraciones litúrgicas, la Escritura, los concilios o los iconos. Otros, igualmente clásicos, pero más provocadores, son los pobres, «los santos de la puerta de al lado» o los murmullos de Dios en el mundo, en la vida y en la historia. Gracias a ellos disfruto mi existencia como anticipo de la Vida en plenitud (que eso es, según Jesús, lo que decimos cuando decimos que «Dios existe»: que él es «Señor y dador de vida»). Disfrutando de esas anticipaciones y participaciones tabóricas y cargando –gracias a ellas– las pilas, puedo echar una mano.

Sospecho que esto que percibo como caricias o murmullos de Dios a no pocos les resulte una provocación que roza la irracionalidad. Lo acepto. En el «jesu-cristianismo» siempre ha habido un cierto e inevitable exceso o, si se prefiere, un punto de lo que me atrevo a llamar «bendita locura»: lo hay en el monte de las bienaventuranzas con su apuesta por los parias. Lo hay, sin lugar a dudas, en el Calvario y en sus provocadoras y aguijoneantes actualizaciones. Y también lo hay en el monte Tabor, en esta ocasión como exceso de cercanía, amor y generosidad.

Me importa este Dios con su «exceso»; entre otras razones, porque me permitiría vivir, si me tocara –como decía Pere Casaldáliga– «de fracaso en fracaso hasta la esperanza final». De momento disfruto, aunque sea de vez en cuando, de tales anticipaciones tabóricas, con su punto de «bendita locura». Se entiende que este Dios también me sea deferente; y mucho. Como igualmente lo es no solo para las llamadas nuevas espiritualidades, sino también para las místicas o espiritualidades ateas, desde la que formuló Plotino en sus *Enéadas* hasta las de nuestros días.

– *Una enorme pluralidad*. Pero la exposición sobre la importancia de mi adhesión «incomparable» al «relativo absoluto» que es el teísmo «jesu-cristiano» quedaría muy sesgada si no recordara que entre los cristianos hay una enorme pluralidad de rutas o itinerarios entre estos tres montes, desconocida por muchos o no debidamente atendida.

En unos se presta una particular atención al programa, al anuncio y a la denuncia del monte de las bienaventuranzas, pero se hace sin dejar de andar por los otros dos montes. Esta clase de «circulación» es la propia de lo «católico», de lo que es según el «todo», es decir, de lo que es articulación y conjunción.

En otras trayectorias existenciales se es más sensible a los calvarios contemporáneos, pero sin dejar de disfrutar también de los Tabores y mirándose, aunque sea de vez en cuando, en el programa de las bienaventuranzas. Esta ruta es, igualmente, «católica».

Y en otros itinerarios se está más atento a los Tabores, es decir, a la unión con lo que decimos cuando decimos «Dios existe», a partir de sus transparencias en la mismidad, tan cuidadas y reivindicadas por las llamadas nuevas espiritualidades. O en la *hesychía* o paz interior, en el caso de los contemplativos –ya sea en los eremitorios, cenobios y conventos, pero también en la vida ordinaria–. O en el «aguijón» de los pobres, con los que se identifica Jesús de Nazaret. E igualmente en las llamadas «hierofanías» –la manifestación de lo sagrado en lo profano–, tan importantes en la experiencia mística o espiritual no solo de los creyentes, sino también de increyentes tales, entre otros, como G. Bataille, L. Wittgenstein o J.-C. Bologne, además de A. Comte-Sponville.

Lo normal es que quienes tienen su residencia primera en los Tabores paseen también por los montes del Calvario y de las bienaventuranzas, aunque no sea con la insistencia y duración propia de los anteriores recorridos espirituales y teológicos. Cuando ello sucede, nos encontramos con otro recorrido igualmente «católico».

Pero tengo que indicar que me importa ser un teísta «jesu-cristiano», porque sin Jesucristo –y, obviamente, sin el «jesu-cristianismo»– no es comprensible nuestro mundo, ni el pasado, ni el presente. Y sospecho que tampoco el que está por venir, si queremos que sea humano, al menos tal y como es perceptible en los tres montes.

Además, confieso que también me gusta sentirme acompañado por gente de estos diferentes perfiles; tan ricos, diversos y fundamentales para el progreso de nuestro mundo y de la humanidad; y para el mío, en concreto, como «teísta jesu-cristiano». Estas personas me son muy deferentes, aunque no compartan –y menos en todos sus extremos– este discurso. Me importan, en particular, las que son cuidadosas y están atentas a los riesgos, entre otros, de la indiferencia a la «carne» de lo que digo cuando digo «Dios existe», del palabrerío programático, del masoquismo o de un autocomplaciente consumismo religioso.

Por eso no puedo acabar este apartado sin referirme a la existencia de rutas fallidas, entre otras razones por pretender afincarse –y estancarse– de manera pretendidamente definitiva en uno de los montes, renunciando o no queriendo saber nada de la circularidad que hay entre ellos; al menos para los «teístas jesu-cristianos».

Acabo de reseñar algunos de los fundamentalismos religiosos o extrapolaciones –a los que habría que añadir otros laicos y ateos– que, hasta no hace mucho, eran denominados herejías por no guardar el equilibrio mínimo o por ser propuestas en las que solo hay sitio o para los Tabores, o para los calvarios, o para el programa; sin circulación de ninguna clase.

Creo que uno de los más preocupantes es, en nuestro primer y satisfecho mundo, el del estancamiento tabórico, tanto entre los creyentes como entre los increyentes. Pero esto ya es materia para otra ocasión.

c) Cuatro conclusiones...

La primera, para recordar que soy ateo de muchos imaginarios, empezando por el de un Dios sádico y sanguinario y continuando por el de un juez implacable e inmisericorde. Pero también soy agnóstico porque creo que es algo inevitable –además de saludable– por referencia al imaginario de Dios como expresión de su alteridad, novedad, sorpresa y provocación.

Y al hilo de esta consideración me parece importante recordar, por ejemplo, el sometimiento –ya clásico– de lo que decimos cuando decimos «Dios» al principio de la necesidad lógica o de la no contradicción –en la propuesta de G. W. F. Hegel–, para nada atento a la unidad paradójica de cercanía y alteridad que es propia de lo que decimos cuando decimos «Dios». Y recordar, igualmente, la reivindicación –en el caso de F. Schelling– de su descolocante libertad en el Triduo Pascual.

La segunda, para enfatizar que soy un deísta y teísta «jesu-cristiano» movido, como he indicado al principio, por la razón en libertad a partir de los datos o pruebas científico-empíricas. He asumido semejante punto de partida porque es el que nos vincula y al que podemos recurrir, ya que todos estamos referidos a él, aunque no sea el único. También están, por ejemplo, la experiencia de la relación o la mística y el testimonio o la implicación personal.

Por eso, apoyado en esa razón en libertad, no comparto el primado que algunos conceden a la nada, al vacío, al silencio y a la oscuridad, esto es, al nihilismo en sus diferenciadas variantes.

Sin embargo, me importan e interesan estas explicaciones alternativas porque también forman parte de lo que digo cuando digo que existe el Dios «jesu-cristiano»: son aportaciones en las que veo reflejado el grito de abandono del Viernes Santo y el silencio del Sábado Santo, la verdad que suele absolutizar el nihilismo no articulándola con el «salto cualitativo» que es el Domingo de Resurrección.

Por hacerse cargo de la verdad del Viernes y del Sábado Santo tengo una gran empatía con el llamado «realismo trágico» cuando recuerda –frente a la explicación o filosofía materialista bruta– que mantenemos una relación con la nada, el silencio y el vacío en términos de angustia o lucha, de ética y de maravilla. Nada que ver con la supuesta aproblematicidad, absolutez y satisfacción de la materia o de la finitud. Pero este también es un asunto que –abordado en publicaciones anteriores– requiere ser tratado con más detenimiento; algo que excede la presente aportación.

La tercera, para confesar que tampoco comparto la explicación y la filosofía materialista bruta o el determinismo físico necesitante, porque contradice la existencia, a la vez, de materia y leyes; porque erige la descripción en explicación: esto es así porque sí. Y porque es así se instala en la ociosidad intelectual, no pudiendo evitar muchas veces un cierto toque de soberbia o superioridad racionalista (la propia de quien, inconsciente del error epistemológico en que se sostiene, va de sobrado por la vida). Ni tampoco comparto, por supuesto, la aleatoriedad autosuficiente, una manera políticamente correcta de no reconocer la ignorancia y presentarla envuelta en celofán.

Y la cuarta y final: espero que a la luz de esta lectura sea posible percibir mis distancias filosóficas o explicativas de Alejandro Sota cuando entiendo que no diferencia «comprobar» de «verificar», ni ambos de «falsar», o cuando no presta la debida atención al absolutismo y fundamentalismo que ronda a los verificacionistas, o cuando no atiende debidamente la historicidad que, felizmente recuperada por K. Popper con el principio de falsación, es una aportación asumida por los epistemólogos y por cualquier saber, incluido el teológico. Y, con dicha distancia, su consistencia racional.

Y, sin ánimo de agotar todas las distancias, afortunadamente, solo teóricas o explicativas, mi sorpresa por no prestar atención alguna al amor entendido como *filía,* cariño y amistad; como *eros* y contrapartida satisfactoria o como *agape* y entrega asimétrica y desinteresada en favor de los últimos del mundo, que a eso nos referimos los «jesu-cristianos» y «uni-trinitarios» cuando sostenemos que Jesús, si no era Cristo, es decir, lo que decimos cuando decimos «Dios» o «Amor», lo merecía ser, habida cuenta de lo dicho, hecho, encomendado por él; la mejor explicación de lo que significa «amaos como yo os he amado».

d) ... y un sintético cierre

En definitiva, me importan las explicaciones deístas y teístas y, concretamente, la «jesu-cristiana» porque, hoy por hoy, son las que percibo racionalmente más consistentes, además de «interesantes» o importantes para la causa de una humanidad más justa y fraterna. Por eso las he constituido, junto con unos cuantos miles de millones de ciudadanos, en «mi destino por elección continuada».

Solo me queda invitar, a quien esté interesado en proseguir con esta aportación, a conocer algunas de las muchas y diferenciadas experiencias que hay de ese Dios. De ello hablo en el libro, dedicado a mostrar la importancia de circular *Entre el Tabor y el Calvario,* además de por el monte de las bienaventuranzas, para que la experiencia espiritual –Espíritu: Señor o Dios, dador de Vida– sea con «carne», es decir, comprometida, transformadora y gratificante, además de con programa. Y siempre anticipación, destello o chispazo de la Vida en plenitud de la que procedemos y de la que la presente es un murmullo, pero también a la que nos encaminamos y nos aguarda cuando doblemos la última curva de nuestra andadura por esta existencia.

3

LA CIENCIA, LOS CIENTÍFICOS Y LA TRASCENDENCIA

Manuel J. Tello[1]

En este capítulo se presenta una breve reflexión sobre la ciencia y los científicos en relación con la trascendencia. Se muestran argumentos que pueden ayudar al lector que, habiendo leído los capítulos anteriores, quiere reflexionar sobre el encaje de la veracidad de la ciencia dentro de una visión integral del hombre. La reflexión se sitúa dentro del marco formal en el que se mueve el razonamiento científico. Sin embargo, con

---

[1] Manuel J. Tello estudió física y obtuvo el doctorado en la Universidad Complutense de Madrid. Realizó estancias posdoctorales en el ETH (Festerkoperphysic Laboratory) y en la Universidad de Oxford (Clarendon Laboratory). Actualmente es profesor emérito *(ad honorem)* de la Universidad del País Vasco, en donde fue catedrático e impulsor de un importante laboratorio con varias líneas de investigación experimentales y teóricas. Ha publicado 165 artículos científicos en revistas internacionales e impartido unas cien conferencias y seminarios en diversas universidades (Oxford, Barcelona, MIT, Santiago de Compostela, etc.) y congresos. Recibió el Premio de divulgación científica José María Savirón (2023), el Premio como director a la mejor tesis doctoral científico-tecnológica de la Fundación Sener (2017), el Premio Física, Innovación y Tecnología de la RSEF - Fundación BBVA (2010) y el Xavier María de Munibe de la RSVAP - Parlamento Vasco (1996). Además, ha publicado 152 artículos de divulgación científica en prensa, tres libros de divulgación científica y varios capítulos de libros sobre enseñanza e investigación.

el fin de evitar equívocos, en el apartado 1 se hace una brevísima introducción sobre el poco rigor intelectual con el que se hacen este tipo de reflexiones en el ámbito sociopolítico. Pasa de puntillas por el dudoso rigor argumental de algunos comportamientos, para terminar con la compatibilidad entre el poder político y el sentimiento religioso. Para ello, por su simbología laica, se utiliza un discurso del presidente de la República francesa. Su finalidad es, simplemente, mostrar un ejemplo de, por lo menos, tolerancia y respeto. Algo que no ocurre en otros países.

El apartado 2 se dedica, en términos generales, a la «veracidad» de o en la ciencia. Para ello se toma como punto de partida, trasladada al pensamiento científico, la pregunta que se hizo Séneca cuando dijo: «No es bueno creer que se sabe lo que no se sabe, pero sí es bueno y necesario saber lo que se sabe». El eje es la veracidad en el pensamiento científico (ciencia) y las distintas opciones que, a lo largo del tiempo, buscan o buscaron explicaciones definitivas (finales): cientifismo, el todo, la inteligencia artificial, etc. A pesar de la brevedad, se intuye que la ciencia deja un mundo abierto en el que se mueven los científicos cuando contemplan al hombre de forma integral.

En el apartado 3, en todo ese rico mundo que puede englobar al hombre de ciencia se hace una breve incursión sobre la preocupación de los científicos por la trascendencia. En él se hace uso de algunos de los muchísimos ejemplos de los que hay constancia escrita. Por su relevancia mediática y por su intencionada utilización hacia posiciones negacionistas,

se dedica una mayor atención a aportaciones, menos cono-
cidas, de A. Einstein a la relación entre ciencia y creencia. El
capítulo, basado en lo que piensan los científicos, fortalece lo
indicado en el prólogo y en el capítulo 2 sobre la relación entre
la ciencia y las creencias deístas y teístas. En definitiva, ayu-
da a consolidar la argumentación del libro sobre si la ciencia
aporta racionalidad a la creencia.

1. Introducción

Iniciamos este capítulo con un breve comentario sobre el medio social en el que encaja su contenido. En muchos países, las reflexiones serias sobre deísmo, teísmo, creencia o increencia están muy alejadas de la praxis sociopolítica y del marco del pensamiento político-social. Incluso del marco académico, del de las sociedades científicas, etc. Sin embargo, en los países con una mayor tradición científica –Inglaterra, Estados Unidos, etc.–, en sus mejores universidades –las mejores del mundo–, tienen un departamento dedicado a este tipo de actividad. En los países en los que esta tradición no ha existido o se ha perdido, sobre el hecho religioso se oyen con frecuencia opiniones y afirmaciones que utilizan argumentaciones poco o nada rigurosas. También se debe tener en cuenta que se suelen mezclar, por confusión o intencionadamente, la trascendencia con la ideología política y el progreso social. Algo que no ocurre desde el verdadero pensamiento intelectual o entre los verdaderos científicos. En ambos casos se utilizan términos como «sentimiento religioso», «religión», etc., con un significado más próximo al deísmo y teísmo que a lo que vulgarmente entendemos por religión.

En cualquier caso, el análisis del deísmo y teísmo exige un marco más teórico, mientras que las religiones, aunque el deísmo forma parte de ellas, requieren un análisis en el que hay que tener en cuenta elementos más pegados a la tierra: la historia, las evoluciones sociales y del pensamiento, la política, etc. Para cualquiera de los dos casos, pero en mayor medida para el análisis de las religiones, cuando se hace desde el medio sociopolítico, sabemos que puede estar condicionado y viciado por muchas circunstancias: retórica, demagogia, populismo, tedio, desgana, etc. Por ello, las opiniones que se oyen en las tertulias de los medios de comunicación o las que emanan de los políticos y, en general, de los ciudadanos no son argumentaciones, son, en general, opiniones que, por las razones anteriores, carecen del rigor formal que exigen los temas conceptualmente complejos.

Este tipo de debates, que exigen rigor intelectual, diferencian muy bien a las sociedades que no han alcanzado su mayoría de edad de las que han llegado a ella. En estas últimas, en cualquier debate, opinión o reflexión se percibe que la educación ha sido capaz de trasladar al medio social el rigor y el respeto por el conocimiento. En definitiva, se respeta el rigor con el que los científicos elaboran la ciencia, el que exigen los filósofos cuando analizan y avanzan en la metafísica o la ética o el que utilizan los teólogos cuando reflexionan sobre las cuestiones trascendentes que atañen al hombre. No olvidemos que el enriquecimiento de las sociedades y de los hombres que las integran se produce, de verdad, cuando los debates y opiniones, públicos o restringidos, se apoyan en una sólida y rigurosa argumentación. Es decir, son sociedades que respetan y valoran las exigencias intelectuales, evitando que pseudointelectuales, es decir, charlatanes, influyan en la opinión pública. Aun así ocurre. La historia mundial, incluso reciente, está llena de ejemplos que indican dónde acaban las sociedades que no han sido capaces de mantener su capacidad de argumentación dentro del respeto por el conocimiento y con una verdadera exigencia argumental. Un ejemplo ilustrativo y muy didáctico son las reflexiones de don José Ortega y Gasset[2].

---

[2] Por ejemplo, en *La rebelión de las masas*. Madrid, Espasa-Calpe, 2010.

Las líneas anteriores reflejan, a vuelapluma, algo que empieza a preocupar en los ámbitos intelectuales del pensamiento actual: una razonable preocupación por la evolución que están experimentando algunos países. En ellos, la demagogia y charlatanería lo inunda todo, eliminando el espíritu crítico de los ciudadanos. Es una evolución que parece ir en sentido contrario a lo que parece que significa la ciencia y la tecnología del siglo XXI. Además, en un gran número de ámbitos se está introduciendo un falso progresismo asociado a determinados planteamientos ideológicos. Desde este supuesto, son retrógrados todos los que no piensan como ellos. Estas posiciones, a veces aplaudidas por algunos medios de comunicación, están llegando a coartar la libertad sobre la base de la imposición ideológica, incluso desde la educación. Es algo que no solo es patrimonio de los países más desfavorecidos. También ocurre en los desarrollados. No hay más que analizar la evolución social que se está produciendo en Europa. Basta con recordar la afirmación de una ministra de Educación de un país europeo: «Los hijos no son de los padres, por tanto, su educación la debe programar el Estado, el cual decide todos los contenidos de las materias que completan la formación integral de los alumnos y que los profesores deben impartir». Situación que recuerda a lo que ocurría, y ocurre, en algunos países en los cuales, en la enseñanza, se vetan determinados temas porque no son acordes con la ideología dominante. Ocurrió en Rusia con Darwin, incluso ocurre ahora con el creacionismo en algunos Estados de Estados Unidos. En general, con las falsas progresías político-sociales de muchos países.

Esta deriva conduce a que ciertos temas están sujetos a descalificaciones. Por ejemplo, calificar de incultos o retrógrados a los que, en general, les preocupa, como una parte de los valores humanos, la trascendencia. En cualquier caso, estas posiciones activas, incluso excluyentes, no se deben confundir con la evolución, probablemente transitoria, de la sociedad mundial. Sobre todo, en los países desarrollados, en los que lo agnóstico[3] es lo usual. Posición asociada a la acomodación del hombre actual a la forma de vida dominante. Una forma de vida en la que el éxito es muchas veces inhumano y en la que las creencias son muy simples y, en general, no conllevan ningún tipo de exigencia ni sugieren ninguna pregunta fundamental.

En relación con el contenido de este libro, hay que añadir que las líneas anteriores quedan incom-

---

[3]   Este punto de vista, para evitar que parezca una afirmación, requiere un razonamiento más bien extenso. Debido a que el contenido de este libro va en otra dirección, tómese simplemente como una tendencia u opinión.

pletas si no se habla de que siguen existiendo sociedades en las que muchos de sus ciudadanos, creyentes o no, incluyendo sus políticos, respetan y asumen no solo la experiencia religiosa, sino también su práctica. Esta asunción, llena de respeto, está apoyada en multitud de razones históricas, intelectuales, sociales, etc. En vez de un análisis extenso de este hecho fundamental se utiliza un ejemplo práctico que justifica y marca la extensión de la afirmación anterior. Como se ve en lo que sigue, este ejemplo también da respuesta, aunque sea tangencialmente, a una pregunta clave que está en el contenido del libro: ¿forma parte la trascendencia de las potencialidades del hombre? El ejemplo está tomado de la República francesa y, aunque se refiere a la religión católica, es susceptible de extenderlo al cristianismo en general. Su valor se incrementa si tenemos en cuenta que se produce en un país que, a nivel socio-político, se considera uno de los altares del laicismo mundial[4].

Hace tres o cuatro años, el presidente de la República se reunió con la Conferencia Episcopal Francesa. Como antesala de la reunión dictó una conferencia de la que se reproducen, por significa-

---

[4] El ejemplo no juzga la creencia, en este caso del presidente de la República. Se indica como una muestra de respeto hacia la creencia de una parte de la sociedad y la valoración, muy positiva, sobre la labor social, de cohesión, etc., que realiza esta parte de la sociedad francesa.

tivas, dos o tres de las reflexiones utilizadas en ella. El presidente analizó con rigor temas relacionados con el papel de la Iglesia, el concepto de laicismo, la fuerza de la creencia, los lazos entre la nación y el catolicismo, etc. Empezó diciendo que «la reunión desafiaba a los escépticos de ambos lados [...] Que había percibido un deterioro en el vínculo entre la Iglesia y el Estado y consideraba que es muy importante repararlo». Debe subrayarse el empleo de «vínculo» y no de «relación». Después de una referencia sobre las contribuciones de los católicos a la historia de Francia, entró en reflexiones más profundas. En una de las partes enfatizó: «Cegarme voluntariamente a la dimensión espiritual que los católicos invierten en su vida moral, intelectual, familiar, profesional y social sería condenarme a tener una visión parcial de Francia; sería desconocer el país, su historia, sus ciudadanos y, generando la indiferencia, derogaría mi misión». En la misma línea de argumentación espiritual dijo: «La Iglesia alienta la intensidad de una esperanza que a veces nos hace tocar este misterio de la humanidad que se llama santidad, del que el papa Francisco ha dicho; es el rostro más bello de la Iglesia». En otro apartado conectó la espiritualidad con el papel de la Iglesia en la vida social. Entre otras cosas dijo: «Una Iglesia que pretenda desinteresarse de los asuntos temporales no cumpliría su vocación;

y un presidente de la República que pretenda desinteresarse de la Iglesia y de los católicos faltaría a su deber». También indicó que «él sabía que todos los días los sacerdotes y las asociaciones católicas acompañan a las familias divorciadas, a los homosexuales, a las que han sufrido un aborto, a las que tienen sufrimiento social y de salud». El análisis riguroso de estos temas le condujo, en este apartado, a concluir: «Por eso, al escuchar a la Iglesia sobre estos temas, no nos encogemos de hombros. Escuchamos una voz que saca su fuerza de la realidad y su claridad de un pensamiento en el que la razón dialoga con una concepción trascendente del hombre». Al final habló de la laicidad. «Pero esta voz de la Iglesia, lo sabemos ustedes y yo, no puede ser obligatoria». En este punto indicó que «el Estado y la Iglesia pertenecen a dos órdenes institucionales diferentes, que no ejercen su mandato en el mismo nivel, pero ambos ejercen autoridad». Por todo ello indicó que «su papel como presidente debe asegurar que todos tengan la libertad de creer y de no creer. Yo pido siempre el respeto absoluto y el compromiso con las leyes de la República. Esta es la laicidad, ni más ni menos».

Como vemos, el presidente francés, en su discurso, no percibe la existencia de problemas entre las creencias religiosas y las organizaciones religiosas con la laicidad. El argumento es el que aparece en el Nuevo Testamento cuando dice: «Dad al César lo que es del César, y a Dios lo que es de Dios». Sin embargo, deja abierta la opción de la discrepancia en el enfoque de algunos temas y, como consecuencia, en la discusión pública estarán presentes estas discrepancias. Pero ello no puede llevar al insulto o la venganza. En el fondo, es admitir que la trascendencia es una parte esencial de la potencialidad humana, y que cada ciudadano la enfoca, con respeto a los demás, en una determinada dirección. Una vez aclarada la situación del respeto mutuo[5] entre la visualización de la trascendencia y el medio sociopolítico de una sociedad madura y seria, pasaremos a ver lo que pasa con la trascendencia en el mundo científico. En primer lugar, se hace una breve presentación sobre la perspectiva y alcance de la ciencia para, a continuación, terminar con una pequeña incursión sobre la actitud de los científicos ante la trascendencia. Por lo que se refiere a los científicos, se han elegido solo unos ejemplos. Existen libros en los cuales se trata este apartado con muchísima más extensión. Aquí solo se introduce como un ejemplo de razonabilidad.

[5] Este respeto implica el ejercicio de la libertad. Una libertad que en este ámbito incide en una importante parte de la actividad humana. Influye en la educación, en la atención médica, en la asistencia social, etc.

2. La veracidad en la ciencia

El concepto de verdad en la ciencia, y su posible extensión a otros ámbitos del pensamiento o actividad humana, es una referencia obligada cuando se analizan, sobre todo desde posiciones de «veracidad absoluta», argumentos que intentan justificar posiciones deístas, teístas o antiteístas. También permite entender algunas de las posiciones que, sobre estos temas, han mantenido los científicos elegidos como ejemplo en el apartado 3. Nuestro punto de partida lo podemos fijar en la constatación de que el universo de la ciencia es inmenso. A esta apreciación llegamos al darnos cuenta de que el mundo que nos rodea se puede construir siguiendo leyes inmutables, y que esas leyes son muy precisas debido a que permiten una formulación matemática. Son leyes que permiten formular teorías que explican lo conocido y, además, permiten hacer predicciones[6]. Esto se debe a que, a dife-

---

[6] Cuando se analiza la física, nos encontramos con dos caminos relacionados con las leyes. Por un lado, tenemos las teorías que explican el descubrimiento de determinados hechos o efectos, por ejemplo, el efecto fotoeléctrico o el movimiento de los planetas. Por otro, tenemos las teorías que predijeron con años de anticipación, algunas veces muchos, la existencia de un determinado fenómeno aún desconocido. Por ejemplo, la llamada condensación de Bosse fue predicha noventa años antes de demostrar experimentalmente que existe esa condensación. A los que lo demostraron experimentalmente les galardonaron con el Premio Nobel. De estos ejemplos hay muchos en cosmo-

rencia de lo que ocurre en otros ámbitos, en los que cada uno viste, muchas veces incorrectamente, la verdad a su gusto, el universo, desde su génesis –según la percepción actual–, hace unos 15.000 millones de años, ha escrito en su historia una verdad única e inmutable. Sin embargo, a pesar de los progresos científicos, es una historia que aún está llena de enigmas y misterios y, por tanto, de incertidumbres[7]. Por eso la ciencia sigue siendo atractiva y, cuando queremos reflexionar sobre otros ámbitos, utilizando la ciencia como base, aún sigue vigente lo que dijo Séneca: «No es bueno creer que se sabe lo que no se sabe, pero sí es bueno y necesario saber lo que se sabe». Algo que se debía aplicar con rigor a todos los ámbitos de la actividad humana. Es una exigencia inexorable cuando queremos analizar si es posible una verdad final y definitiva. Una verdad que, en el caso de la ciencia, contestaría muchas preguntas, pero la haría más aburrida.

La evolución del pensamiento científico que conduce a la búsqueda de esa «verdad» se ha enriquecido a lo largo del tiempo. Para nuestra reflexión acortamos este proceso evolutivo y lo de-

---

logía, materiales, electromagnetismo, física nuclear y de partículas, etc.

[7]   Esto lo analiza desde su rigurosa perspectiva el profesor R. PENROSE en su último libro, *Ciclos del tiempo: una extraordinaria nueva visión del universo*. Barcelona, Debate, 2010.

jamos reducido a tres de sus hitos más significativos. La introducción del razonamiento analítico por Descartes en el año 1637. En su libro *Discurso del método*[8] propone que todo el conocimiento puede deducirse haciendo uso de lo que, en lenguaje actual, se denominan primeros principios.

Saltando varios siglos llegamos al año 1900. En ese año, David Hilbert, en un intento de síntesis de lo pensado en los siglos anteriores, en una conferencia en París, muestra un intento de encontrar un método general para probar la verdad o falsedad de cualquier proposición. Son los hoy llamados «problemas de Hilbert». Sin embargo, el último de esos problemas consiste, precisamente, en probar si ese método existe.

El tercer hito nos sitúa en la cima de esta búsqueda. Estamos en el año 1931, cuando Kart Gödel enunció su celebre teorema[9]: «Todo sistema formal de axiomas y reglas de procedimiento, a partir del nivel de complejidad de la aritmética elemental, incluye necesariamente afirmaciones, perfectamente dotadas de sentido, que no se pueden probar o refutar desde dentro del sistema. Se dice que la verdad de tales afirmaciones es indecidible». Una

[8] R. DESCARTES, *Discurso del método*. Madrid, Tecnos, 2003.

[9] Cf. A. DOU, *Fundamentos de la matemática*. Barcelona, Labor, 1974; R. PENROSE, *La nueva mente del emperador*. Barcelona, Debolsillo, 1992.

de las conclusiones más importantes es que la indecidibilidad afecta a la consistencia del sistema[10]. Es decir, que en esa deducción de la que habla Descartes es indemostrable la ausencia de contradicción. Algo que genera serios problemas para una ciencia teórica o empírica. Sin embargo, una ciencia experimental, como la física, puede obviar este problema, o por lo menos una parte de él, gracias a la experimentación[11]. Pero, aun así, nunca podrá asegurarse que la ciencia experimental, en su avance, no se contradecirá a sí misma. En definitiva, todo parece indicar que una teoría, en buen acuerdo con la experiencia y de validez general, nunca podrá ser completa y consistente a la vez[12]. En este sentido, se puede decir, contestando a nuestra primera pregunta, que una teoría de la naturaleza no puede nunca ser final y definitiva. Conclusión que ha tenido una importante influencia en el pensamiento del siglo XX y lo seguirá teniendo en el del XXI.

---

[10] Entendemos por «sistema» el objeto de nuestro estudio. El más complejo de todos sería el propio universo.

[11] Esta es una razón por la que los Premios Nobel por una predicción teórica solo se dan si es demostrada experimentalmente. Por ejemplo, a A. Einstein no le dieron el Premio Nobel por la teoría general de la gravitación. Le podían haber dado un segundo Premio Nobel cuando se confirmó experimentalmente, pero no lo hicieron.

[12] La argumentación completa se sale del espacio de este capítulo. Solo pensemos en la evolución que ha experimentado la mecánica desde Newton a la relatividad general.

Existen numerosísimos ejemplos en los que se percibe la presencia del teorema de Gödel. Incluso, aunque no había sido enunciado, también estuvo presente en los éxitos y fracasos de la ciencia desde Grecia hasta el siglo XVII. A lo largo de este período en el que la ciencia formaba parte de la filosofía natural se pretendía una explicación científica que, simultáneamente, llegase al fondo de nuestra existencia al mismo tiempo que avanzaba en el conocimiento del mundo que nos rodea. A partir del siglo XVII, la filosofía siguió con la misma pretensión, pero la ciencia se contentó con abordar solo problemas susceptibles de una descripción cuantitativa. Por tanto, se puede decir que la ciencia moderna y sus éxitos nacen de una renuncia: intentar llegar al fondo de nuestra existencia. Es decir, se separaron los dos saberes, el sensible y el no sensible. Eso es lo que generó en algunos momentos situaciones de conflicto asociadas, fundamentalmente, a querer explicar, lo mismo y de la misma forma, desde dos ámbitos diferentes.

Para la ciencia, el limitarse a lo cuantitativo introdujo extraordinarias ventajas. Entre otras aparece la posibilidad de simplificación y, por tanto, de modelizar la realidad. Por eso, una teoría, por muy compleja que parezca, solo puede explicar los sistemas reales dentro de su ámbito de espacio, tiempo y complejidad. Esta simplificación e idealización nos indica que ninguna teoría científica, sometida al análisis del teorema de Gödel, tiene validez absoluta. Los problemas relacionados con la simplificación y la idealización fueron muy bien abordados por Karl Popper[13]. Sin entrar en detalles, se puede intuir que la ciencia no es esencialmente tan distinta de, por ejemplo, el arte o la filosofía, cuando se analizan sus contenidos dentro de un rigor similar.

Como ejemplos sobre la percepción de la verdad de la ciencia se indican algunos que ilustran el mundo abstracto en el que se mueve el teorema de Gödel. Empezamos con un breve análisis sobre el cientifismo. Resumiendo mucho, el cientifismo sostiene que cualquier problema, si se plantea científicamente, tiene o tendrá solución, y que la ciencia podrá responder a todas las preguntas. Consciente o inconscientemente, el cientifismo considera sus verdades irrebatibles y de validez universal y perpetua. Por tanto, deja sin validez, no demostrada, al teorema de Gödel. En su discurso llega a situaciones extremas. Por ejemplo, para los cientifistas, los demás saberes son aceptables si coinciden con los suyos. Algunos llegan a sostener que, como el único conocimiento válido es el de la ciencia, los

---

[13] K. POPPER, *El universo abierto: un argumento a favor del indeterminismo.* Madrid, Tecnos, 1986.

especialistas en las ciencias son los únicos capaces de plantear y resolver los problemas de las sociedades. Existen algunos excelentes científicos, entre otros algún Premio Nobel, que defienden este planteamiento. Solo un ejemplo que demuestra que no existe un límite. El famoso sociobiólogo E. O. Wilson llega a afirmar que «incluso los derechos humanos son decidibles desde postulados puramente biológicos». Para el cientifismo llevado al extremo, como se indicaba antes, otras actividades humanas, como arte, moral, política, religión, filosofía o literatura, no tienen más que una validez secundaria o delegada. Al menos en su versión más radical, el cientifismo nos aboca, inexorablemente, a un totalitarismo cultural y mucho más. Por ejemplo, elimina el libre albedrío, con lo cual desaparece la responsabilidad ética[14].

En esta búsqueda de la verdad, otra idea que ha rondado siempre en la mente de los científicos, cientifistas o no, es lo que hoy se define como la teoría del todo[15]. Para los cientifistas es su justificación. Es un intento de una formulación unificada

---

[14] La justificación requiere una extensión que excede la de este capítulo del libro. Aunque parezca una presunción, creo que es oportuno el siguiente comentario. Algunas veces sorprende ver cómo científicos excelentes pierden su extraordinaria razonabilidad cuando se salen fuera del marco de su competencia.

[15] P. C. W. DAVIES / J. BROWN, *Supercuerdas: una teoría del todo*. Madrid, Alianza, 1990.

desde la que algunos esperan poder llegar a la sabiduría total. La idea que subyace detrás de este intento –la ciencia, en realidad la física, formuló desde hace tiempo las bases para explicar el todo– fue expresada muchas veces, y por científicos excepcionales. Dos ejemplos representativos han sido Lord Kelvin, Premio Nobel en 1907, y A. Michelson y A. Compton, Premios Nobel en 1938. Actualmente, algunos científicos de prestigio han perfilado alguna aproximación más precisa sobre la posibilidad de una teoría final. Matizando, se puede decir que esta posibilidad no representaría el final de la ciencia como actividad humana, sino el final de la investigación de sus principios y leyes. Entre los defensores de esta idea tenemos, por ejemplo, a S. Weinberg y a S. Hawking. El primero[16] escribe:

Nuestras teorías actuales tienen validez limitada, son provisionales e incompletas. Pero tras ellas se vislumbra de vez en cuando el brillo de una teoría final que tendría validez ilimitada y sería completamente satisfactoria por su integridad y consistencia [...] Este punto inicial, al que todas las explicaciones pueden referirse, es lo que llamo una teoría final.

---

[16]   S. WEINBERG, *Dreams of a final theory. The search for the fundamental laws of nature*. Nueva York, Pantheon Books, 1993.

S. Hawking va algo más lejos cuando dice que «no solo se debe intentar analizar cómo son las cosas, sino también por qué son así»[17]. En este caso, por qué son así es una pregunta muy difícil de formular correctamente. Yo diría que imposible. Es fácil, en el mundo que nos rodea, explicar por qué el sistema solar está distribuido de una determinada forma. Se debe a las leyes que teóricamente lo explican. Esas leyes, que, decíamos en el inicio del capítulo, son inmutables, están en el origen. Pero la pregunta apunta hacia una meta más lejana. ¿Por qué esas leyes son así y no de otra manera? Aquí es donde empieza el problema.

Esta opción de unificación y reducción, además de que, como dice R. Feynman –Premio Nobel en 1965–, «haría la ciencia menos interesante y, por tanto, aburrida», choca con el teorema de Gödel y, hoy por hoy, con las propiedades emergentes en los sistemas complejos. Sistemas que, desde hace pocos años, han empezado a ser objeto de estudio de casi todas las ciencias positivas[18]. Se pueden considerar sistemas complejos algunas partes de la física, la química, la biología, la psicología, la

---

[17] Es una afirmación demasiado fuerte cuando no va acompañada de un razonamiento.

[18] Actualmente, los resultados y formulaciones de la física en este campo de los sistemas complejos se han extendido a otros ámbitos, como la sociología, la economía, etc.

sociología... Todo parece indicar que las ideas de complejidad y emergencia están en contradicción con el reduccionismo de una teoría final. A este respecto, es muy interesante un famoso artículo escrito por P. Andersen[19], Premio Nobel en 1977, en el que, entre otras cosas, dice:

La hipótesis reduccionista no implica en modo alguno una hipótesis construccionista. La capacidad de reducirlo todo a leyes fundamentales simples no implica la de reconstruir el universo a partir de esas leyes [...] La hipótesis construccionista se deshace al enfrentarse a las dificultades gemelas de las escalas y la complejidad.

Dentro de su brevedad, el análisis sobre la evolución del pensamiento científico de este apartado parece indicar que los que afirman que la ciencia puede explicar, aunque ahora no lo haga, por qué son así las cosas, lo hacen con un rigor relajado debido a que la imposibilidad de que la ciencia conteste al todo tiene carácter estructural. Esto ya lo vio muy claramente Leibniz cuando se hizo una pregunta clave: «¿Por qué existe algo y no más bien nada?». Pregunta que M. Heidegger formulaba en el siglo XX de la siguiente forma: «¿Por qué existe en absoluto el ente y no más bien la nada?». Superpregunta imposible de contestar por la ciencia.

---

[19] P. W. ANDERSON, «More is different», en *Science* 177 (1972), p. 393.

Incluso por aquellos que piensan que el universo sea el creador de sí mismo, por tanto, surgiendo de la nada. Interpretación difícil de compatibilizar con los conocimientos científicos, ya que, para que esto ocurra, la nada tiene que estar dotada de potencialidades creadoras, las cuales deben ser previas a la propia creación. Por ello es difícil entender cómo científicos rigurosos llegan a realizar algunas escuetas afirmaciones sin acompañarlas de una reflexión seria.

Como conclusión, podemos decir que la ciencia ha contestado a muchos «cómos». Por ejemplo, cómo circula el aire en la atmósfera, cómo se sostiene un pájaro, etc. Sin embargo, creer que todo puede ser descrito científicamente pierde sentido si, por ejemplo, pensamos que, en el hombre, sus sentimientos son mucho más complejos que una ciencia del todo. El razonamiento de este apartado, lejos de hacer la ciencia y la trascendencia incompatibles, abre alguna que otra perspectiva a la búsqueda de una respuesta al sentido de la vida. En esta búsqueda inciden, por lo menos, dos sabidurías: el anhelo de comprender el carácter objetivo de la naturaleza, que pertenece al magisterio de la ciencia, y nuestra necesidad de definir el significado de nuestras vidas. A esto quizá habría que añadir la búsqueda de una base moral para nuestras acciones. Esto se debe a que la ciencia puede no estar en esa búsqueda, pero la base moral para nuestras acciones sí.

Un intento más reciente de la búsqueda de la verdad, desde la ciencia, tiene su origen en la creación de máquinas que lleguen a pensar. Lo que hoy llamamos inteligencia artificial. En este caso, se busca un patrón de verdad, no una verdad absoluta basada en la última explicación del mundo que nos rodea. Sin embargo, parece claro que la reflexión humana es más compleja que una aplicación reiterada de reglas, aunque a veces la propia reflexión sea también una regla. Resumiendo mucho, se puede decir que, si existe el libre albedrío, nunca podrán existir ordenadores plenamente inteligentes. En este sentido, el libro de Roger Penrose[20] *La nueva mente del emperador* es un ataque, bastante duro, contra la llamada hipótesis fuerte de la inteligencia artificial[21]. Su argumento principal es que los ordenadores trabajan siguiendo algoritmos y la mente no. Los ordenadores nunca serán capaces de dar respuesta a una situación imprevista. Se debe in-

[20] R. PENROSE, *La nueva mente del emperador*. Madrid, Mondadori, 1992.

[21] Solo una breve nota. Desde hace unos meses, políticos y medios de comunicación nos han empezado a machacar con la inteligencia artificial como si fuera algo novedosísimo. Como se ve en la nota 19, en el año 1992 ya se discutía sobre su presencia como revolucionaria y capaz de sustituir completamente al hombre. No es el tema de este libro, pero la nota quiere ser una alerta más a la falta de rigor de los políticos y de los que manejan los medios de comunicación, tal y como se comentó en el apartado 1.

dicar que este punto de vista no es compartido por toda la comunidad científica. Sin embargo, al menos de momento, todo parece indicar que la intuición, el amor o las analogías no pueden reducirse a cadenas de reglas, por muy complicadas y extensas que sean.

Finalmente, se puede decir que el contenido discursivo de este apartado demuestra lo que se decía en el apartado 1 sobre la imposibilidad de que, en el medio social de algunos países, son difíciles los análisis con el rigor formal que exige la aportación de la ciencia, debido a que, usualmente, están contaminados por visiones subjetivas. Por ejemplo, los fundamentos éticos y morales en los que deben apoyarse la mayor parte de las leyes. Volviendo al tema que nos ocupa, en el apartado siguiente, teniendo en cuenta el análisis realizado, se hace una breve exposición del posicionamiento de algunos científicos en relación con la trascendencia.

3. Los científicos y la trascendencia

Volvemos al discurso del presidente de Francia que citamos en el apartado 1. No conozco el compromiso religioso que puede tener el presidente de la República francesa, pero cuando dice: «Escuchamos una voz que saca su fuerza de la realidad y su claridad de un pensamiento en el que la razón dialoga con una concepción trascendente del hombre», conecta directamente con el contenido de este libro: un diálogo de la razón con una concepción trascendente del hombre. Desde el momento en que la ciencia, en el siglo XVII, pasó a ser cuantitativa, para este diálogo, desde el punto de vista intelectual, se abrieron básicamente dos caminos. Uno, que es el de siempre y ha permanecido en el tiempo, tiene como paraguas la metafísica, aunque debajo de ese paraguas tenemos opciones y matices de todo tipo. El otro tiene como paraguas el nuevo ámbito de la ciencia, aunque, como ocurre con el anterior, debajo del paraguas también hay opciones y matices.

El capítulo está dedicado a este segundo ámbito del diálogo de la razón bajo el paraguas de la ciencia con la trascendencia. En el apartado 2 se ha hecho un brevísimo recorrido por aquellos contenidos del pensamiento científico que, en general, pueden incidir en las respuestas a las preguntas clave que tienen que ver con la trascendencia. En este apartado se concretan en la respuesta de los científicos al diálogo razón-trascendencia. Los ejemplos que se encuentran en la literatura son muy numerosos y, para el lector interesado, se han indicado algunas referencias bibliográficas. Dentro de la brevedad con la que se ha planteado el libro, para este apartado, de todos ellos se ha elegido un pequeño número.

Como ejemplo de posicionamientos muy alejados del diálogo que sobre la trascendencia parece exigir la racionalidad científica, he elegido un hecho particular que permite reducir el espacio dedicado a los científicos que no razonan ni justifican sus posicionamientos sobre Dios. Hace unos años, asistía a una conferencia que impartía un joven científico sobre la historia de la ciencia y, en un momento dado, sin venir a cuento y sin argumentación, por dos veces afirmó que «todos los científicos son ateos», y una vez que «Dios no existe»[22]. En la primera de las afirmaciones se olvida que la gran mayoría de científicos no dicen nada sobre sus creencias religiosas. Pero también se olvida a los que se han preguntado por la trascendencia y han buscado respuestas a esas preguntas. En cuanto a la segunda afirmación, me recordó una conversación entre dos gallegos en la que a una «afirmación-negación» de uno de ellos el otro contesta:

---

[22] Las afirmaciones de este tipo tuvieron mucho eco hace unos años y dieron lugar a unos cuantos libros. Actualmente, casi ha desaparecido esta clase de publicaciones. Solo muestran interés para los lectores aquellas publicaciones en las que hay argumentación racional por ambos lados: desde la ciencia y desde la trascendencia. Escribir racionalmente sobre estos temas es una tarea difícil, razón por la que ha disminuido el número de publicaciones.

«¿Y si existe?». Afirmaciones de un científico, como las del ejemplo, prestan un mal servicio a la ciencia y contrastan con el contenido de la conferencia del presidente de Francia, en la que muestra un pensamiento reflexivo, apoyado en una buena base filosófica y conceptual.

Sin ánimo de polemizar, este tipo de afirmaciones sin ningún argumento que la justifique parece más de la calle que del medio intelectual y científico. Como si fuera un contraejemplo, puedo decir que a lo largo de mi vida científica he tenido ocasión de comprobar que entre los científicos existe, mayoritariamente, un gran respeto por estos temas y, en muchos casos, interés. Interés y respeto que, salvo excepciones, crece a medida que los científicos suben escalones que los sitúan entre lo que se podría llamar la élite científica mundial.

El ejemplo anterior, por ser el actor un profesor universitario, sirve como punto de partida para una primera reflexión sobre lo que piensan, en general, los científicos[23] y la mayor parte de las primeras universidades del mundo. Si las afirmaciones del joven profesor fueran ciertas, ¿qué significa que esas mejores universidades del mundo –Harvard, Oxford, Cambridge, etc.– tengan un departa-

---

[23]   Como primer ejemplo se pueden citar a los tres científicos que se toman como punto de partida y referencia en el capítulo 2.

mento de Religión? Además, son departamentos con un gran volumen de actividades en las que participan profesores, entre ellos científicos, de alto prestigio y gran nivel intelectual. Quiero creer que esas afirmaciones no se habrían dicho si se dieran algunas de las siguientes condiciones: haber leído algunos de los muchos libros publicados sobre los científicos y Dios, conocer los resultados de las dos encuestas internacionales que, sobre la religiosidad de los científicos, fueron realizadas por la revista *Science* a comienzos de los siglos XX y XXI, o conocer la existencia de los departamentos de Religión de las universidades de élite. Centrándonos en las dos encuestas de *Science* mencionadas, los resultados con cien años de distancia fueron casi similares. Para nuestro análisis, el dato más relevante es que solo el 12 % se define ateo. Es decir, una minoría. Dejamos aquí esta incursión y pasamos a la otra alternativa que se ha reflejado en un reducido número de científicos elegidos como ejemplo.

Entre el 88 % de los que en la encuesta anterior sobre la religiosidad de los científicos no se declaran o definen ateos están los que dicen tener una religiosidad de intensidad variable, los que tienen inquietudes religiosas, los agnósticos, los creyentes practicantes, etc. El análisis de los resultados de esta encuesta es complejo y largo, pero para complementar lo que sigue alcanza con unas breves pinceladas. Empezaremos recordando que, en ciencia, la duda, la incertidumbre y la ignorancia constituyen el punto de inicio para generar nuevas ideas. Esto explica que esa mayoría de científicos que se sienten interesados o atraídos por la trascendencia se muevan entre la certeza de que existe un Dios y la duda sobre su existencia. Como un ejemplo se indican las opiniones de dos de los iconos científicos de la primera mitad del siglo XX. El profesor R. Feynman, Premio Nobel en 1965, en una conferencia en la Universidad de Washington[24] en la que hablaba de la incertidumbre de los valores, decía: «Estoy de acuerdo en que la ciencia no puede refutar la existencia de Dios. Absolutamente de acuerdo. Los que afirman lo contrario quizá no entienden la ciencia correctamente». Unos años antes, el Prof. A. Einstein, Premio Nobel en 1926, escribía[25]: «Hay dos maneras de vivir una vida: la primera es pensar que nada es un milagro. La segunda es pensar que todo es un milagro. De lo que estoy seguro es de que Dios existe».

---

[24] R. P. FEYNMAN. *The meaning of it all. Thoughts of a citizen scientist.* Addison Wesley, Helix Books, 1998.

[25] Con A. Einstein y algunos otros científicos, sobre estos temas, no se pueden tomar frases sueltas. A lo largo de sus vidas ha habido evoluciones. En el caso de Einstein, si se analiza el conjunto, presenta una evolución hacia posiciones positivas, tolerantes, de aproximación...

Se ha elegido a Albert Einstein por ser el icono de la ciencia con mayor visibilidad social y, por tanto, por haber llegado a un público más amplio. Por este motivo ha sido, en muchísimos casos, sujeto de una utilización interesada en muchos conflictos humanos. En particular, en el caso que nos ocupa sobre religión y ciencia, se utilizan frases suyas sacadas de contexto que no permiten clarificar su propia religiosidad. Del análisis detallado de los muchos comentarios, hablados y escritos, realizados por A. Einstein sobre la religión, trascendencia, creencia, etc., parece deducirse que tenía un intenso sentimiento religioso[26]. Un sentimiento diferente del que habitualmente se considera cuando se habla de religiosidad dentro de la espiritualidad. Del análisis del conjunto de sus frases, reflexiones y comentarios sobre religión, Dios, creencia, etc., a lo largo de su vida, parece deducirse que este sentimiento le surgía de la emoción que le producía el orden y la armonía del cosmos. Uno de esos comentarios, poco conocido pero muy esclarecedor, es una transcripción, realizada por *Graf* Harry Kessler[27], de una explicación que dio, en una reunión social, a una afirmación en la que

---

[26] Este punto es clave, pero exige una reflexión sistemática, apoyada en todo lo que publicó sobre religión, que se sale de la brevedad de este libro.

[27] *Graf* H. KESSLER, *Berlin in Lights: The Diaries of Count Harry Kessler, 1918-1937*. Nueva York, Grove Press, 2002.

dijo que «era profundamente religioso». Como esta afirmación causó en algunos una sorpresa jocosa, A. Einstein explicó:

Sí, lo soy. Al intentar llegar con nuestros medios limitados a los secretos de la naturaleza encontramos que, tras las relaciones causales discernibles, queda algo sutil, intangible e inexplicable. Mi religión es venerar esa fuerza que está más allá de lo que podemos comprender. En ese sentido soy, de hecho, religioso.

A esta explicación de su religiosidad se le pueden añadir otras muchas, por ejemplo: «El cultivo de la ciencia lleva, por tanto, a un sentimiento religioso de una clase especial, que difiere esencialmente de la religiosidad de la gente más ingenua». Reflexión que hay que enmarcar en su época, 1930, en la que el nivel educacional que catapultaba al mundo intelectual estaba reservado a una minoría. Respecto a esta élite, los demás ciudadanos, en lo que se refiere al razonamiento intelectual, en el cual la trascendencia entra de lleno, se pueden considerar ingenuos. Por ello no creo que A. Einstein tuviese, con la utilización de la palabra «ingenuo», una intención peyorativa.

Podríamos reproducir muchísimas frases y algunas conferencias y artículos en los que A. Einstein, desde su cosmovisión, no encuentra ninguna incompatibilidad entre la ciencia y la religión, o, mejor, su sentimiento religioso o la creencia en Dios. Por citar algunas, comenzamos por un escrito de 1934. En lo que sigue veremos que lo que escribe está en completo desacuerdo con la frase en la que el joven científico afirmó que todos los científicos son ateos. A. Einstein, entre otras cosas, dice:

> Difícilmente encontraréis entre los talentos científicos más profundos uno solo que carezca de un sentimiento religioso propio. Pero es algo distinto de la religiosidad del lego. Para este, Dios es un ser de cuyos cuidados uno puede beneficiarse y cuyo castigo teme [...] Para el científico, [Dios] está imbuido de la causalidad universal.

Aún más, no creía que la religión pudiera ser eliminada o sustituida por la ciencia. Así, uno de sus artículos lo termina escribiendo: «Un contemporáneo ha dicho, no sin razón, que, en esta época materialista nuestra, los trabajadores científicos serios son las únicas personas profundamente religiosas». Esta reflexión, tomada de otro, se debe a que, en su sentimiento religioso, el que manifiesta mayoritariamente, Dios se identifica con la estructura del orden cósmico impersonal[28]. En este sentido, su sentimiento religioso parece ser muy cercano al del filósofo Spinoza, al que le dedicó bastantes alabanzas a lo largo de su vida.

En un intento de sintetizar ese sentimiento religioso de A. Einstein, todo indica que su creencia religiosa está más cercana a una actitud personal que a la de una Iglesia organizada socialmente. Es un sentimiento religioso que no estaba en la línea de la tradición cristiana y que, en su época, causaba desazón en los medios más conservadores del pensamiento cristiano. Algo que fue utilizado por algunos ateos como un argumento de fuerza para sus puntos de vista. Esta visión de un Einstein ateo y la utilización de su autoridad para defender el ateísmo le molestó tanto al científico que dedicó frases muy duras a todos aquellos que utilizaban

---

[28] El lector interesado en las ideas sobre ciencia y religión de A. Einstein, escritas por él mismo, puede leer su artículo «Religion and Science», publicado en *The New York Times Magazine* el 9 de noviembre de 1930. En el texto, más que utilizar este artículo, se han utilizado referencias y comentarios de A. Einstein sobre el tema que nos ocupa. En todo caso, es interesante indicar que describe tres estadios de la experiencia religiosa. El primero es la religión del miedo (Antiguo Testamento). El segundo es la religión caracterizada por el deseo de guía, amor y apoyo, y la creencia en un Dios que premia y castiga y que ofrece vida tras la muerte (Nuevo testamento). El tercero es el sentimiento cósmico religioso, por el que el hombre percibe con asombro el sublime y maravilloso orden y armonía de la naturaleza, que la ciencia moderna ayuda a comprender, al tiempo que siente la inutilidad y la pequeñez de los deseos humanos. Se trata, dice, de algo difícil de explicar a quien no lo tiene, porque no se corresponde con ninguna idea antropocéntrica. Esta tercera fase, para él, es la perfecta y muy difícil de alcanzar, pero no critica la segunda.

su nombre como argumento de autoridad. Por ejemplo: «Esos ateos fanáticos cuya intolerancia es análoga a la de los fanáticos religiosos y tienen el mismo origen [...] son criaturas que no pueden soportar la música de las esferas». Su lejanía del ateísmo, y sobre todo del militante, se ve claramente en una carta de agradecimiento por el envío, por parte del autor, de un libro titulado *No existe Dios,* en el que se atacaba mucho a la religión. En la carta responde a la crítica de la fe que hace el autor, y aprovecha para responder también a una crítica similar que hace Freud en un libro que publicó por esa misma época. En la carta, entre otras cosas, dice: «Yo nunca lo haría [criticar la fe en un Dios personal], pues la creencia me parece preferible a la falta de toda visión trascendente de la vida».

El conjunto de conferencias, escritos y frases parecen confirmar que Einstein tenía un sentimiento religioso, incluso se puede decir profundo, aunque, según dice en su artículo (nota 30), está muy alejado del Antiguo Testamento, y menos alejado del Nuevo Testamento, al cual no somete a ninguna crítica, probablemente debido a que las ideas de amor, bondad, etc. que aparecen en él se acercan a su propia cosmovisión de Dios. El análisis de todas sus reflexiones parece indicar que estaba con una duda entre las dos opciones posibles de un Dios. Por un lado, parece que lo que da forma a su sentimiento religioso es la idea de un Dios no personal, que representa una visión ajena a las religiones monoteístas. Esto pondría en duda una aproximación a la concepción cristiana. Sin embargo, existen algunos teólogos cristianos que en sus análisis llegan a aproximar las dos cosmovisiones. Por ejemplo, Hans Küng dice:

> Cuando Einstein habla de la razón cósmica [...] hay que considerarlo como expresión del respeto ante el misterio del Absoluto frente a determinadas concepciones «teístas» y excesivamente humanas sobre Dios [...] La esencia divina, que desborda todas las categorías y es absolutamente inconmensurable, implica que Dios no sea personal ni apersonal[29].

Hay otro aspecto interesante en las reflexiones sobre religión, Dios, etc. de A. Einstein. En sus reflexiones generales, y en particular en su sentimiento religioso, subyace su concepción determinista del mundo. En este marco conceptual, A. Einstein se puede considerar como el último gran científico

---

[29] Cf. H. Küng, ¿Existe Dios? Madrid, Cristiandad, 1979. El libro, que sigue siendo de total actualidad, aborda la siguiente cuestión: ¿puede un hombre actual e ilustrado defender ante la razón, y en qué forma, la fe en Dios? El libro, aunque va dirigido a todo tipo de lectores, da respuestas y aclaraciones a los que dudan en su fe y en su cuestionamiento de ella. Además, entre otras cosas, el libro afronta los retos del ateísmo moderno (Feuerbach, Marx y Freud) y el nihilismo posmoderno (Nietzsche).

de la física clásica. Por tanto, englobado en el determinismo que venía del siglo XIX. Este marco conceptual es el que le lleva, inexorablemente, a un determinismo universal en lo que se refiere a su sentimiento religioso. Eso implica consecuencias importantes, por ejemplo, éticas, la ausencia de pecado, etc.[30] Por eso, siempre queda pendiente una pregunta sin respuesta: si viviera ahora, aceptando el indeterminismo esencial de los constituyentes básicos de la materia, ¿cómo concebiría a Dios?, ¿cambiaría su visión de le ética?...

De la misma época que Albert Einstein tenemos a Max Planck, Premio Nobel de Física en 1918, que se puede considerar como el físico que abre el camino de la física cuántica. Era uno de los científicos a los que A. Einstein le dedica alabanzas. M. Planck no solo no veía ninguna contradicción entre ciencia y religión, sino que era, a su modo, un practicante. Además, son de gran interés sus reflexiones sobre las convergencias y los paralelismos entre la ciencia y la religión. Su punto de partida para su creencia se acerca al de A. Einstein: la fuerte impresión que le producía el orden y la armonía de las leyes de la naturaleza. Esta impresión era un acicate para

---

[30] Para profundizar, es interesante el libro de A. EINSTEIN, *The world as I see it*. Books-google.com, 2011, que contiene una selección de cartas, charlas, discursos, ensayos y artículos que ahondan en la variedad de intereses, ideas y preocupaciones de su autor.

su trabajo y un apoyo en su acercamiento a un Dios. Su interés por la religión fue creciendo a partir de 1930. Este interés le llevó a impartir conferencias sobre la relación entre la ciencia y la religión, sobre la base de que «las ciencias de la naturaleza atestiguan un orden racional al que la naturaleza y la humanidad están sometidas, pero un orden cuya esencia íntima permanece incognoscible». Llegó a la conclusión de que Dios es percibido directamente por el individuo religioso, aunque no pueda ser aprehendido por la razón.

Aunque en algunos momentos está próximo a Einstein, al alejarse de la creencia en un Dios personal, sus hábitos vitales y la mayor parte de sus escritos lo acercan a él. Por ejemplo, su participación en actos de culto, su compromiso con la comunidad cristiana y, sobre todo, lo que escribió a un amigo cuando los nazis mataron a su hijo. Entre otras cosas le decía: «Lo que me ayuda es que considero un favor del cielo que, desde mi infancia, hay una fe plantada en lo más profundo de mí, una fe en el Todopoderoso y todo bondad que nada podrá quebrantar. Por supuesto, sus caminos no son los nuestros, pero la confianza en él nos ayuda en las pruebas más duras». Como se ve, esta reflexión solo tiene sentido en la creencia en un Dios personal, con el que es posible el diálogo entre tú y yo.

La elección de estos dos extraordinarios científicos que, en la misma fecha, alrededor de 1930, comienzan a dedicarle una importante atención a la religión, se debe a que permiten ver dos puntos de vista diferentes para llegar al sentimiento religioso. Mientras que para Albert Einstein la propia ciencia es casi una forma de religión, Max Planck también se acerca desde la ciencia, pero considera que la ciencia y la religión son dos estadios diferentes que no se oponen entre sí. Punto de vista que ha tomado fuerza en una mayoría de los libros que reflexionan, con distintas aproximaciones, sobre ciencia y religión en el último tercio del siglo XX y lo que llevamos del XXI[31].

---

[31] La lista de libros es interminable. Se citan algunos recientes, los cuales contienen extensa bibliografía, pero no quiere decir que sean los fundamentales. Por ejemplo, los libros *Conflicto y diálogo entre ciencia y religión.* Santander, Sal Terrae, 1993, escrito por A. UDÍAS VALLINA, catedrático de Geofísica en la Universidad Complutense de Madrid y, *Ciencia y religión. Dos visiones del mundo,* del mismo autor y editorial, publicado en 2010. El segundo de ellos es un análisis de la convergencia que, a lo largo del tiempo, se fue produciendo en el pensamiento, desde las creencias religiosas, principalmente las cristianas, y desde la ciencia a través de los científicos que se han interesado por estos temas que, aunque no lo parezca, son bastantes. Le dedica bastante amplitud a diferentes hechos y reflexiones históricas que, aunque parece algo conocido, están en muchos casos mal interpretados, algunas veces con intencionalidad. Estas interpretaciones, en algunos casos, influyen en el posicionamiento de los científicos y de los ciudadanos con carácter general ante el sentimiento religioso. Otro libro interesante es *La ciencia desde la fe.* Madrid, Espasa, 2016, escrito por A. MCGRATH, profesor en la Universidad de Oxford. El libro tiene un subtítulo: *Los conocimientos científicos no cuestionan la existencia de Dios.* Para ello establece un dialogo entre la ciencia y la fe desde una visión del universo, de la vida y del ser humano. A lo largo del libro refuta algunos de los argumentos, cuando los hay,

Por introducir a un científico del siglo XXI, diremos algo de Francis Collins. Es uno de los científicos que se toman como referencia en el capítulo 2 de este libro. La elección se debe, por una parte, a su gran formación multidisciplinar y, por otra, al haber sido el director del gran Proyecto Internacional sobre el Genoma Humano. Al terminar con gran éxito el Proyecto, ha escrito un libro que muestra su evolución en lo que se refiere a su sentimiento religioso. En la introducción escribe:

Para mí, la experiencia de secuenciar el genoma humano, y de descubrir el más admirable de todos los textos, fue tanto un logro científico impresionante como una ocasión de veneración. Muchos estarán perplejos por estos sentimientos, asumiendo que un científico riguroso no podría ser también un creyen-

que mantienen los negacionistas de un Dios –ateos o nuevos ateos–, como Dawkins y otros. Refuta el concepto de la nada o simplemente nada. En el caso del gen egoísta, separa lo que son hechos empíricos de lo que representan literatura y compromisos ideológicos. Entra en otro punto, no científico pero conflictivo, la idea de que Dios no es bueno porque permite el mal, etc. Por último, es interesante citar el libro de S. JAY GOULD, *Ciencia versus religión. Un falso conflicto.* Barcelona, Crítica, 2000. La mejor descripción la escribe el autor: «Escribo este libro para presentar una resolución felizmente simple y completamente convencional de un tema tan cargado por la emoción y por el peso de la historia que cualquier sendero expedito se suele convertir en algo recubierto de una maraña de disputa y confusión. Me refiero al supuesto conflicto entre ciencia y religión, un debate que solo existe en la mente de las personas y en las prácticas sociales, no en la lógica o en la utilidad adecuada de estos temas completamente distintos, e igualmente vitales» (cuarta de cubierta).

te serio en un Dios trascendente. Este libro pretende disipar esa idea al argumentar que creer en Dios puede ser una elección completamente racional, y que los principios de la fe son, de hecho, complementarios con los principios de la ciencia[32].

El libro es una reflexión seria, pensada y rigurosa sobre la relación entre ciencia y Dios.

Las líneas anteriores, que se han centrado en el pensamiento de tres científicos, no buscan tomar una posición que, si se sigue avanzando en la búsqueda de la verdad, socave justamente esa posición, y, en ese camino, los demás razonamientos también caen con ella. Con ellas se pretende que el lector, lejos de los titulares de los medios de comunicación, que buscan algo diferente de la argumentación, sepa que existen muchos científicos que, desde la ciencia, reflexionan o reflexionaron, con seriedad, sobre la trascendencia. En el momento actual, se pueden encontrar un buen número de libros escritos por científicos de élite, preocupados por la búsqueda de respuestas integrales, no parciales, a lo que es la potencialidad humana. Solo en los últimos doscientos años tenemos una lista interminable de científicos eminentes que, desde la ciencia, se han

---

[32] F. COLLINS, *The language of God: A scientist Presents Evidence for Belief.* Nueva York, Free Press, 2006, p. 5.

interesado por estas respuestas. Algunos de ellos han sido Erwin Schrödinger, físico, católico y Premio Nobel de Física en 1933; Alexander Fleming, católico y Premio Nobel de Medicina en 1945; Santiago Ramón y Cajal, católico y Premio Nobel de Medicina en 1906; Werner Heisenberg, protestante y Premio Nobel de Física en 1932; Richard Smalley, protestante y Premio Nobel de Química en 1996; Joseph John Thomson, anglicano y Premio Nobel de Física en 1906; Edmund Taylor Whittaker, católico con notables contribuciones a las matemáticas; Arthur Stanley Eddington, cuáquero y astrónomo real en Inglaterra; Francis Collins, protestante y director del Proyecto Mundial del Genoma Humano; Joseph Edward Murray, católico y Premio Nobel de Medicina en 1990, etc. La lista es demasiado larga. Entre los muchos libros que tratan la relación entre los científicos y Dios (religión), en la nota se citan un par de ejemplos[33].

Por último, quisiera indicar que algunas de las referencias han tenido una importante influencia

---

[33] Como también se indicaba en la nota 5, los ejemplos son eso, ejemplos. No quieren expresar que son los mejores. Cf. A. FERNÁNDEZ RAÑADA, *Los científicos y Dios*. Oviedo, Nobel, 1996. El libro analiza las posturas que mantuvieron ante la idea de Dios y la trascendencia un importante número de grandes científicos, como Faraday, Maxwell, Darwin, Einstein, Planck, Monod, Feynman o Hawking, entre otros. Cf. también T. DIMITROV, *50 Nobel laureates and other great scientists who believe in God*, un libro electrónico gratuito. Este libro contiene citas de algunos de los científicos más influyentes del mundo.

en la redacción del capítulo, y sobre todo quiero destacar la suerte de haber asistido a una excelente conferencia impartida por el Dr. Carlos Alonso Bedate, SJ, sobre ciencia y fe. Además de ser sacerdote, es un bioquímico de reconocimiento internacional. De aquella conferencia recogí muchas ideas y me estimuló a dedicar algún tiempo a muchas de las reflexiones que aparecen en el capítulo. Por todo ello, tengo que expresar al Dr. Alonso mi agradecimiento e indicar que tendría que estar citado bastantes veces en el texto. En vez de ello he optado por este agradecimiento general.

4

UN CREYENTE EN UN MEDIO HOSTIL O INDIFERENTE A LA EXPLICACIÓN DEÍSTA Y, SOBRE TODO, TEÍSTA

Javier Madrazo Lavín[1]

El libro Ateos y creyentes. Qué decimos cuando de-cimos «Dios» *fue presentado, además de en diferen-tes instituciones eclesiales y académicas, en Ezkerra-*

---

[1]   Javier Madrazo Lavín nació en Riaño (Cantabria) el 12 de agosto de 1960. Con un año, su familia se trasladó a Bilbao, residiendo en el barrio de Rekaldeberri desde entonces. Es licenciado en Filosofía pura y ha realizado estudios de ingeniería industrial y de teología. En el período 1989-2020 fue profesor de Filosofía, Ética y Diversificación Curricular en diferentes centros públicos de Enseñanza Secundaria y Bachillerato en Bilbao. El año 1994 so-licitó la excedencia para el desempeño de cargo público, reincorporándose a la docencia el año 2009. A finales de los setenta fue monitor de tiempo libre (escultismo) en la parroquia Ntra. Sra. del Rosario, de Rekaldeberri (Bilbao). Participó activamente en el movimiento antimilitarista, siendo objetor de conciencia al servicio militar y promoviendo la objeción fiscal al gasto mili-tar. Contribuyó a la fundación de Gesto por la Paz de Euskal Herria, movi-miento del que fue coportavoz. Posteriormente ha sido coordinador general de EB-IU en Euskadi en el período 1995-2009, parlamentario en el Parla-mento Vasco en representación de EB-IU en el período 1994-2002 y conse-jero de Vivienda y Asuntos Sociales del Gobierno Vasco en el período 2001-2009. Está casado, tiene un hijo y una hija y es militante de la HOAC (Hermandad Obrera de Acción Católica) desde el año 1983 (JMG).

Berdeak, un foro que, formalmente aconfesional o laico, cuenta con una mayoría notable de personas que se autoidentifican como ateas o antiteístas. Tal presentación fue posible gracias a las gestiones realizadas al respecto por Javier Madrazo.

Superada la sorpresa inicial, comprendí que mucho tenía que ver en ello la voluntad, siempre querida por Javier Madrazo, de tender puentes entre dos mundos aparentemente tan alejados. Y supongo que también le movió la pretensión que presidía la redacción de dicho libro: tender puentes de diálogo a partir de la razón en libertad y de las evidencias científico-positivas.

Acepté la invitación porque entendí que tal texto –creo que escrito sin complejos vergonzantes ni beligerantes, sino en diálogo confesante con increyentes convertidos al deísmo o al teísmo por motivos racionales– también encontraba en tan singular invitación su lugar más normal de puesta de largo, por extraño que pudiera parecer a los «eclesiásticamente correctos» o temerosos. E, igualmente, porque me llamaba la atención la presencia de Javier Madrazo en tales ámbitos sin ocultar su fe cristiano-católica y tratando de abrir un espacio para que también se hablara de la convicción deísta y cristiana en ese mundo. Y que se hiciera de manera racionalmente consistente y a partir del terreno común de las evidencias científico-positivas.

Siendo esta la percepción que tenía de su presencia militante y el objetivo del libro, era evidente que no podía negarme. Acepté. Y la verdad es que fue un acierto. Lo fue por la intensidad de la difusión realizada del encuentro. Lo fue por el llenazo de la sala en la que se realizó la presentación. Lo fue por la acogida dispensada a Manuel J. Tello, invitado a acompañarme en esa presentación; y, con él, a mí, por supuesto. Lo fue, igualmente, por los diálogos que se sucedieron con personas de diferentes sensibilidades, increyentes y creyentes. Y lo fue porque también pude comprobar que Javier Madrazo –a pesar de las indudables dificultades a las que me he referido– no estaba tan solo en esta singular andadura como, erróneamente, había creído hasta entonces. Tenía algunos –ciertamente pocos– compañeros cristianos de camino.

Esta experiencia compartida explica que en este libro, en el cuarto de los capítulos, vaya una contribución suya en forma de entrevista que me he encargado de realizar, centrada en dos puntos capitales que creo que ayudan a comprender la pretensión del libro entonces presentado y de este que ahora tiene el lector en sus manos: el primero de ellos, presidido por el interés en darle la palabra para que explique por qué se le ocurrió proponer a sus compañeros –en este caso– de militancia política presentar Ateos y creyentes. Qué decimos cuando decimos «Dios». *Y el segundo, sin duda alguna el más importante, interesado en escuchar cómo vive su fe cristiano-católica y su eclesialidad en este mundo de la izquierda; qué interpelaciones recibe y qué observaciones críticas les formula y, por qué no, qué consideraciones ofrece a la comunidad católica desde su militancia cristiana en este ámbito de la sociedad. Escuchadas unas y otras, no creo que se puedan echar en saco roto sin más ni más. Seguro que el lector lo comprobará y, muy probablemente, lo agradecerá.*

Jesús Martínez Gordo (JMG): Javier, ¿por qué se te ocurrió presentar en Ezkerra-Berdeak (EB), una organización laica y aconfesional, un libro sobre Dios a partir de las evidencias científico-positivas?

Javier Madrazo Lavín (JML): Fue una satisfacción poder participar en la presentación de tu libro *Ateos y creyentes. Qué decimos cuando decimos «Dios»* en la sede de Ezkerra-Berdeak junto al investigador y catedrático de física Manuel Tello. Si te acuerdas, cuando hablamos, meses atrás, sobre dónde hacer la presentación de la publicación en Bilbao, te comenté: «¿Y por qué no en la sede de EB?».

A priori, pudiera parecer más apropiado presentar los temas religiosos en ámbitos eclesiales. Sin embargo, esta era –y es–, a mi juicio, una visión simple y reduccionista.

Algunos sectores cristianos, en clave intimista y evasiva, y otros desde posiciones laicistas, en clave excluyente y beligerante, coinciden en negar la dimensión social y política de la fe. Motivo por el cual consideran que el interior de las Iglesias es el lugar «natural» para el abordaje de los temas referidos a las cuestiones «espirituales».

Reconozco que algunos miembros del equipo directivo de EB mostraron cierta incomodidad cuando propuse ofrecer el salón de actos para la presentación de este libro.

Todo lo humano le debe concernir a la izquierda. La pregunta por la trascendencia se la debe de hacer toda persona, de una u otra manera. Es una cuestión antropológica. Desde siempre, el ser humano se ha interrogado por el más allá, por el origen de la creación, por el sentido de la vida, de la historia, de la muerte...

Por tanto, este es un asunto que debe estar en el centro de la *res publica*.

Es de destacar la gran asistencia de público al acto de presentación del libro. Más de doscientas personas. De procedencia muy plural. En un ambiente de gran respeto y tolerancia. Lo cual puso de manifiesto que la sociedad, más allá de prejuicios y sectarismos, asiste con normalidad, y con gran interés, al debate sobre la existencia de Dios.

Muchas veces, desde la modernidad se dice que los creyentes son «piadosos», abnegados y comprometidos con las buenas causas, pero incapaces de dar razón de su fe, motivo por el cual muchos la consideran irracional y subjetiva.

Por eso me parecen muy positivos e imprescindibles actos como el celebrado con motivo de la presentación de tu libro. Es necesario que todos –ateos, deístas y teístas– den razón de su «fe» en «espacios públicos» desde el contraste y la confrontación –pacífica y serena– de ideas.

JMG: ¿Cómo vive un cristiano militante, en un medio no solo aconfesional, sino, a veces, antiteísta su fe en Dios y, más concretamente, el seguimiento de Jesús?

JML: Creo imprescindible romper las barreras de incomunicación y de desconfianza que han existido históricamente entre amplios sectores de la izquierda y de la Iglesia. Es algo que he vivido, a lo largo de los años, como militante obrero cristiano.

En el año 1987m cuando comuniqué al obispo, debido a la encomienda pastoral que tenía, mi afiliación a CCOO, al PCE-EPK y a IU se me dijo que era «extraño», y se me «sugirió» que renunciara a la encomienda que, en materia de juventud, tenía en mi parroquia de Recalde.

Esa actitud de desconfianza se ha mantenido a lo largo del tiempo. No he sido «santo de devoción» para el «aparato» de la Iglesia; cosa que, he de decir, no me ha importado lo más mínimo. De hecho, a pesar de mi larga trayectoria en el compromiso político, nunca se ha contado con mi testimonio cuando ha habido que presentar experiencias de cristianos presentes en la vida pública.

Entendí, y entiendo, que el compromiso en el campo de la izquierda anticapitalista es el más coherente a la luz de los criterios de actuación política derivados del Evangelio. Pero es evidente que hoy, en nuestra Iglesia, son otras las opciones y mediaciones que se consideran «normales», plenamente aceptadas y asumidas por la institución.

De la misma manera, en el seno de mi organización política ha habido sectores que, por el hecho de confesarme abiertamente cristiano, me han mirado con sospecha y recelo. Incluso llegaron a decir, y a escribir, que era un infiltrado del obispado. Aunque he de señalar que otros muchos compañeros y compañeras me acogieron desde el principio con absoluta normalidad.

En mi recorrido vital y militante he tenido siempre un sentimiento de «apátrida», de «bicho raro», como si no «encajara» plenamente ni en la Iglesia ni en mi organización política. He entendido que es el precio que pagar por intentar vivir una conciencia unitaria, no dual o escindida. Por integrar de forma armónica la identidad cristiana y el compromiso político. Es lo que Alfonso Carlos Comín recogió en su libro *Cristianos en el Partido, comunistas en la Iglesia*.

Me parece que la izquierda «se lo tiene que hacer mirar». Es verdad que en nombre de las religiones se han cometido barbaridades (Inquisición, cruzadas...), de las que nos avergonzamos los cristianos católicos. Pero lo mismo puede decirse del comunismo (purgas estalinistas, genocidio camboyano liderado por Pol Pot...). Sin embargo, ello no obsta para que algunos hayamos militado con orgullo en el PCE y reconozcamos las aportaciones fundamentales del comunismo, en España sin ir más lejos, en la lucha antifranquista, por la democracia, las libertades y la justicia social.

El cristianismo ha tenido, y tiene, un enorme potencial liberador y humanizador al que la izquierda no puede ser ajena. Está en la base de las principales transformaciones sociales, movimientos de solidaridad y avances en materia de derechos humanos, a lo largo y ancho del mundo. Por tanto, resulta un error de bulto dejar que la derecha se apropie del «relato» religioso, cuando esta ideología y cosmovisión es la más alejada de los valores del Evangelio. Una derecha que mutila el Evangelio al negar la dimensión política de la fe cristiana. Ya lo dijo, antes que yo, Hélder Câmara: «Si abrazo a un pobre, me llaman santo; pero, si pregunto por qué lo es, me llaman comunista».

Por su parte, la izquierda debe tener cuidado con «tirar al niño con el agua de la bañera». No se puede confundir la crítica, legítima y necesaria, a una buena parte de la jerarquía de la Iglesia, por su inmovilismo y, en muchos casos, connivencia con el poder, con la falta de «empatía» con una propuesta, el cristianismo, que debe ser aliado y «compañero de viaje» de la izquierda en la lucha por un mundo mejor y más justo.

JMG: ¿Qué interpelaciones te plantean quienes te reconocen como cristiano?
JML: Dos, diferentes y, a la vez, complementarias: la primera, referida a cómo se compagina la existencia de Dios y la presencia del dolor en el mundo. Y la segunda, a la mediación de la Iglesia y a su urgente reforma.

JMG: Vayamos con la primera, la referida a la existencia de Dios y a la presencia del mal en el mundo.
JML: Esta es una interpelación recurrente que me plantean muchas personas de ese entorno ateo y

agnóstico que me rodea y que se refiere a la existencia del mal en el mundo. ¿Por qué si Dios es bueno permite el sufrimiento y la muerte de personas inocentes? Si Dios lo puede todo, ¿por qué permite tanto dolor injusto en el mundo? Reconozco que es una cuestión que no tiene fácil respuesta. Nos envuelve el misterio. Pero, aun así, sí puedo decir que Dios no quiere el mal ni nuestro dolor.

La posición de Epicuro abona la tesis de la supuesta mayor consistencia racional del ateísmo y agnosticismo. Según el filósofo griego, si Dios quiere evitar el mal y no puede, es que no es omnipotente. Pero, si Dios puede evitar el mal y no quiere, es que no es bueno. Y si puede y quiere, ¿por qué existe el mal?

A diferencia de lo que sugiere Epicuro, me parece muy sugerente la idea de un Dios que convive «pacíficamente» con la libertad humana, porque es así como él mismo concibió al ser humano desde el inicio de los tiempos. Incluso para tomar decisiones que le alejen del proyecto de humanidad que Dios anuncia a través de Jesús.

Abrazo con entusiasmo esta apuesta de Dios por «autolimitarse» en la intervención en la historia humana, para darle todo el protagonismo al hombre y a la mujer. Pero, al mismo tiempo, y de forma contradictoria, me rebelo contra ese Dios que se muestra vulnerable y sufriente junto al ser humano.

De la misma manera que se sintió sufriente, junto a su Hijo Jesús en la cruz del Calvario. Una cruz que no fue ni buscada ni deseada por un Dios –masoquista–, sino por un poder y un sistema que «elimina» a quien cuestione los privilegios de clase, las desigualdades e injusticias.

Reconozco que, en el fondo, todavía soy rehén de esa imagen escolástica que hemos heredado de un Dios omnipotente y omnisciente, es decir, de un imaginario grecolatino.

Muchas veces desearía que Dios se saltase sus propios «códigos y normas», y de manera sobrenatural «interviniera» y recondujera tanto desatino personal y colectivo en un mundo que da la impresión de estar caminando a pasos forzados hacia su propia destrucción (guerras, cambio climático, hambre, pobreza y desigualdad creciente...).

En este punto, me parece fundamental subrayar la confianza depositada por Jesús en esos terribles momentos: «Padre, en tus manos encomiendo mi espíritu». Es la confianza depositada en un Dios que es amor, al que no le resulta indiferente el sufrimiento de sus hijos. Jesús, en su muerte, se sintió abandonado, pero no renegó de Dios ni condenó a los que le mataron.

La teología medieval, que sigue perdurando hasta nuestros días, consideraba que la pasión y muerte de Jesús, al ser un sacrificio, tiene un carácter redentor, para «pagar» a Dios la «deuda» contraída por el pecado de Adán, del ser humano. Según esta visión, se considera que el sufrimiento es un medio para alcanzar la gracia de Dios para uno mismo o para los demás.

Frente a esta concepción conviene señalar que lo que nos ha salvado no es el dolor que sufrió Jesús, sino su amor entregado, su compromiso con los pobres y su fidelidad a la misión encomendada por el Padre-Madre.

Como dice Juan Mari Lechosa, amigo y consiliario de la HOAC: «Dios no quiere nuestro dolor ni quiso el dolor de Jesús. El dolor hay que evitarlo y suprimirlo, si se puede. Pero hay dolores inevitables, bien por la misma naturaleza humana, que es débil y finita, bien porque tenemos que afrontarlo al defender los derechos humanos, al promover el reino de Dios. Pero lo que salva no es el dolor con el que nos encontramos, sino el bien que podemos hacer. El dolor en sí mismo no tiene ningún valor salvador».

Por tanto, el dolor no es un castigo de Dios. Hay que asumirlo como un dato de la realidad, pero, en la medida de lo posible, hay que tratar de evitarlo, en nosotros y en los demás, porque Dios no quiere nuestro dolor. Dios quiere nuestra alegría y nuestro bienestar.

Nos encontramos, por tanto, ante el misterio de un Padre-Madre que prefiere crearnos a no crearnos. Es verdad que nos ha creado finitos y capaces de ser inhumanos con nuestros semejantes. Pero también capaces de lo mejor: de amar y hacer el bien, de ser felices, de reír, disfrutar y gozar de tantos placeres que nos ofrece la vida. Dios nos crea porque entiende que la vida merece la pena ser vivida y disfrutada.

Sabiendo esto, Dios, por amor, no nos deja «tirados», se abaja y, haciéndose uno de nosotros, asume nuestra finitud y nos acompaña en todo momento en nuestro peregrinar por este mundo, mostrándonos el camino de la felicidad y de la vida en plenitud.

JMG: Te veo muy cercano a lo que sostiene al respecto Andrés Torres Queiruga.

JML: En efecto, comparto lo que magníficamente dice Andrés Torres Queiruga: «Dios, porque es capaz de crearnos desde la nada, tiene también poder para no dejarnos recaer en ella, rescatándonos de la muerte, convertida así en el "último enemigo" en ser vencido. Mientras tanto, acompaña en el camino: la historia no es prueba, sino condición de posibilidad de la existencia; y el mal no es castigo, sino el peaje inevitable del crecimiento en toda existencia finita».

Creo que hay que invertir los términos de la pregunta. Esta no debe ser dónde está Dios, sino dónde estamos los que queremos vivir desde él. Dios, a través del Hijo y del Espíritu, ha venido para quedarse –«Dios con nosotros»– y para encarnar el destino de los desfavorecidos y crucificados, para que sepan que Dios no se ha olvidado de ellos. Y para esa tarea nos necesita. Somos sus manos, piernas, ojos y oídos. Nos necesita para que el mundo le conozca y le siga. Ha decidido hacerse presente a través de nosotros.

Les suelo comentar a mis compañeros y amigos ateos que la fe en el Dios «jesu-cristiano» y «uni-trinitario» no elimina los problemas que son comunes a deístas, teístas y ateos.

Y, como igualmente señala el teólogo gallego Andrés Torres Queiruga: «La resurrección de Cristo es la victoria del amor sobre la raíz del mal, una victoria que no "pasa por encima" del sufrimiento y la muerte, sino que los traspasa, abriendo un camino en el abismo, transformando el mal en bien, signo distintivo del poder de Dios. El Resucitado no es otro que el Crucificado. Lleva en su cuerpo glorioso las llagas indelebles, heridas que se convierten en lumbreras de esperanza. A él dirigimos nuestra mirada para que sane las heridas de la humanidad desolada». Por eso, señala seguidamente, no hay que atribuir el mal a Dios, que por definición es el Antimal, sino a la finitud humana. Dice: «El mal no es castigo de Dios, sino el peaje inevitable del crecimiento en toda existencia finita».

Los «jesu-cristianos» decimos que existe la esperanza más allá del mal, del dolor y del sufrimiento. Estoy con Whitehead cuando sostiene que «Dios es el gran compañero, el camarada en el sufrimiento, que comprende».

En cualquier caso, más allá de las insuficiencias de las explicaciones deístas o teístas, me parecen mucho más consistentes desde el punto de vista racional que las explicaciones ateas, que más allá de negar a Dios se limitan a proponer el silencio como explicación al problema del mal y de la muerte de los inocentes.

JMG: ¿Y qué dices sobre la segunda de las cuestiones, la referida a la Iglesia y a la urgente necesidad de reformarla?

JML: Muchas veces este diálogo con el ateísmo queda «contaminado» por la visión que en esta sociedad secularizada se tiene de la Iglesia. Este es uno de los principales cuestionamientos que se me han hecho en los diferentes ámbitos sociales, políticos e institucionales en los que me he movido y me muevo. Se me ha preguntado, de manera explícita o implícita, por qué sigo perteneciendo a esta Iglesia que lleva camino de ser más un residuo que un resto significativo para el mundo de hoy. Reconozco que es difícil anunciar que la Iglesia lleva un tesoro en vasijas de barro. O que es santa y pecadora a la vez.

Verdaderamente, el actual modelo de Iglesia patriarcal y clerical es un obstáculo muy grande para poder presentar a Jesucristo como camino de liberación y como oferta de sentido al mundo contemporáneo.

Este modelo de Iglesia no conecta, al menos en Occidente, con una ciudadanía que valora, cada vez más, la participación en la toma de decisiones o la igualdad entre hombres y mujeres.

Es muy anacrónica a la luz del pensamiento moderno una institución en la que el pueblo de Dios no participa en la elección de los obispos; en la que las mujeres tienen vetado el acceso al sacerdocio y son tratadas como ciudadanas de segunda; en la que no hay separación de poderes, en la medida en que el poder está concentrado en una minoría –ministerio ordenado–; en la que la mayoría laical sigue teniendo un papel subalterno y secundario.

Una Iglesia del poder donde solo los hombres mandan, una Iglesia de los de «arriba» y de los de «abajo» no puede ser la Iglesia de Jesús, en la que nos tratamos como hermanas y hermanos.

Desde mi punto de vista, la minoría preconciliar que «perdió» el Concilio Vaticano II ha acabado imponiendo sus posiciones por la vía de los hechos, apoyada por los sucesivos papados de Juan Pablo II y Benedicto XVI. El *Código de derecho canónico* es la culminación de tal proceso involucionista. Hay una distancia «sideral» entre el Concilio Vaticano II y el *Código de derecho canónico*.

Afortunadamente, se empiezan a alzar voces pidiendo un nuevo concilio –Vaticano III– como único espacio posible en el que abordar las urgentes reformas estructurales que necesita nuestra Iglesia.

Tal es el caso de la iniciativa «Pro Concilio - Concilio desde abajo», puesta en marcha en la diócesis de Rotemburgo-Stuttgart, que de forma contundente dice: «Una de las razones del declive de la Iglesia en la sociedad occidental es la creciente indiferencia a la cuestión de Dios. Pero no solo está la crisis de Dios, también está la crisis de la Iglesia, que tiene la consecuencia de que la Iglesia ya no puede dirigirse a las personas en busca de significado y orientación, y que incluso los cristianos, previamente comprometidos, renuncian y abandonan la Iglesia en masa. La Iglesia solo puede cumplir eficazmente su misión de transmitir el mensaje gozoso del Evangelio si es creíble. Las estructuras de poder monárquicas, el clericalismo masculino, el celibato obligatorio, una moral sexual rígida y numerosas fijaciones dogmáticas no son parte del mensaje bíblico de salvación, sino las reliquias del "congelador" de la historia de la Iglesia que bloquean el camino de innumerables personas hacia el Evangelio».

En definitiva, estamos ante una Iglesia muy alejada de las características que debe tener la comunidad de los seguidores de Jesucristo.

Este modelo sintoniza, fundamentalmente hoy, con el pensamiento conservador y de derechas. No es casualidad que los grupos que están creciendo y desarrollándose con más fuerza, en muchos casos con el impulso decidido de la jerarquía, son los de corte espiritualista y tradicionalista. Grupos que no vinculan la fe con la justicia y con el compromiso con los empobrecidos; que no cuestionan un modelo de Iglesia que tiene sus bases en el Concilio de Trento; que aceptan acríticamente este sistema económico capitalista generador de pobreza y desigualdad.

Desde mi punto de vista, una persona cristiana que quiera ser coherente en el seguimiento de Jesús y de su Evangelio ha de ser, por definición, una persona que se sitúe en el ámbito del pensamiento progresista.

Reconozco que vivo con mucha desazón la apropiación que hace del cristianismo, la derecha política y los grupos eclesiales de pensamiento conservador.

Hacen una defensa cerrada del no nacido, cosa que comparto, pero se olvidan del nacido, de las personas que peor lo pasan. Me resulta difícil vivir en comunión de fe y compartir espacios comunitarios con estas personas. Además, resulta sorprendente y desconcertante comprobar el apoyo y complicidad con que cuentan de una buena parte de la jerarquía de la Conferencia Episcopal Española. A pesar de este malestar, me suelo decir a mí mismo que antes se irán ellos que yo.

No es de extrañar el alejamiento de la Iglesia y, lo que es peor, de la adhesión a la identidad cristiana y al seguimiento de Jesús, salvo excepciones, del movimiento obrero, de los intelectuales y científicos, de los jóvenes y del movimiento estudiantil.

La fe y la defensa del capitalismo son conceptos incompatibles. La izquierda y el cristianismo, sin confundirse, comparten en la praxis un proyecto emancipador, representan valores comunes de igualdad y justicia; mientras que la derecha y el pensamiento conservador se sustentan en la defensa del beneficio propio ilimitado y en el egoísmo de clase.

En este contexto se entiende, por ejemplo, el trabajo compartido entre militantes marxistas y cristianos de base en los años de la dictadura en España.

De hecho, muchas veces me he encontrado más identificado con el testimonio y militancia de muchas personas que, considerándose ateas o agnósticas, representaban, en la práctica, mejor los valores del Evangelio de Jesús que muchas otras que, considerándose muy cristianas y devotas, eran ajenas a los sufrimientos y padecimientos de tantos hombres y mujeres a lo largo y ancho del mundo. Compañeros y camaradas, capaces de entregarse en cuerpo y alma a la causa de la lucha contra la pobreza, por las libertades democráticas y la justicia social. Incluso pagando un alto precio por ello (represión, despido, cárcel, exilio, tortura...).

Mi experiencia personal avanza en esta dirección. A lo largo de toda mi trayectoria vital, la coincidencia y la convivencia entre personas de izquierda y hombres y mujeres cristianos han sido una constante: en el movimiento estudiantil, en la objeción de conciencia, en las primeras asociaciones de barrio, en el activismo pacifista, en la lucha obrera, en la militancia político/partidaria, en el mundo de las ONG...

JMG: Bueno, con este último respiro pareces querer decir que en la Iglesia no todo es oscuridad...

JML: Por supuesto. Quienes nos sentimos y nos reconocemos como cristianos debemos mantener una presencia activa en las acciones y proyectos transformadores que hacen bandera de la utopía y asumen los principios y valores que mejor conectan con el pensamiento y la propuesta de vida de Jesús.

Como regalo del Espíritu, la figura del papa Francisco ha emergido en la última década como signo de esperanza y bocanada de aire fresco. En el ámbito de los sectores progresistas y de izquierda, su discurso y gestos proféticos han recuperado buena parte del crédito perdido bajo los mandatos de Juan Pablo II y de Benedicto XVI.

Este último papa, poniendo el énfasis en la verdad, concibe a la Iglesia como «salero», es decir, cómo «faro y guía» de esta sociedad, aunque a veces tenga que convertirse en «fortaleza asediada». A diferencia de él, Francisco, priorizando la misericordia, concibe a la Iglesia como «sal y levadura», una Iglesia «en salida», «hospital de campaña» y «madre más que maestra».

En otras palabras, el frente conservador de la Iglesia –cato-capitalistas o teo-conservadores– quiere, primero, la «confesión de los pecados» y, luego, «curar las heridas»". Para Francisco, por el contrario, ante todo y sobre todo Dios es misericordia, y el ser humano solo puede reconocer su pecado si es abrazado con misericordia.

El mandato de Francisco está facilitando el diálogo de la fe y la cultura. Está permitiendo romper muros y tender puentes entre posiciones que han estado muy alejadas entre sí.

Con este papa, la Iglesia, a pesar de todas sus contradicciones, está ganando un respeto que había perdido. Ello cobra más importancia, si cabe, en el contexto geopolítico en el que vivimos, de gran incertidumbre y zozobra, con grandes amenazas que se ciernen sobre la humanidad: guerras, cambio climático, amenaza nuclear, recesión económica, aumento de las desigualdades, violencia de género...

El papa Bergoglio se ha erigido en un referente para creyentes y no creyentes, máxime en un momento en el que hay un gran déficit de liderazgos políticos que contribuyan a abrir horizontes de esperanza; a dar aliento ético y alimentar la esperanza en un mundo mejor; a ofrecer respuestas y alternativas, y a anteponer el bien común a otros intereses espurios.

JMG: Escuchándote diríase que Francisco es tu papa...

JML: Sí y no. No practico ninguna clase de «papolatría». Si bien considero que el papa Francisco ha abierto una nueva etapa con discursos renovados, que está ayudando a levantar los ánimos y las ilusiones, también sostengo que, pasados diez años de pontificado, no ha sido capaz de implementar las reformas estructurales que necesita la Iglesia. Falta pasar de las palabras a los hechos. Y no me sirve eso de que tiene muchas presiones de los sectores preconciliares y de la poderosa Curia vaticana. Ya sabemos que eso es cierto. Pero se necesita más coraje evangélico y fuerza profética para dar un «golpe de timón» y evitar la deriva en la que se encuentra la Iglesia, al menos en Occidente.

En este sentido, valoro enormemente el Sínodo que ha puesto en marcha en la Iglesia universal. Siendo positivo el proceso de escucha al pueblo de Dios, sin embargo, se queda corto. Resulta insuficiente.

Me uno a las palabras de Julia Knop, doctora en antropología teológica y profesora en teología dogmática, refiriéndose a la fase continental del Sínodo, que dará paso a la fase mundial, que se celebró en otoño de 2023 : «Solo la élite del liderazgo eclesiástico juzga si lo que los fieles entienden importante está inspirado por el Espíritu Santo o no. Los presidentes de las Conferencias episcopales europeas, ellos solos, cerrarán el documento final y decidirán cuáles son los resultados de esta etapa. Pero nada sobre los impulsos reformistas. No se trataba de eso, sino solo de realizar una "experiencia sinodal". Los procesos sinodales, tal y como los entienden los romanos, no sirven para formar y formular una voluntad común, sino para el juicio episcopal. Para entonces, los laicos se habrán ido hace mucho tiempo. Es muy posible que el Espíritu Santo se haya ido a casa con ellos. Porque habla el idioma del pueblo. No se le puede domar ni en los minutos de silencio ni en la autorreflexión episcopal. Sopla donde quiere». Y también me uno a Thomas Söding, vicepresidente del Comité Central de Católicos Alemanes, cuando se pregunta si es «un derecho divino» que en la Iglesia solo gobiernen los obispos y los ministros ordenados.

Por el contrario, valoro de forma extraordinariamente positiva la iniciativa del Camino Sinodal Alemán, que está profundizando de manera muy seria, decidida y valiente en un verdadero proceso de sinodalidad y corresponsabilidad. Están abordando los verdaderos «nudos gordianos» de la necesaria reforma estructural de la Iglesia: el modelo absolutista y cupular en la gestión del poder, la obsoleta moral sexual, replantear el ministerio ordenado y la marginación de la mujer.

Mientras en el Sínodo no vinculante, promovido por el papa, los laicos tienen voz pero no voto, en el Camino Sinodal alemán, vinculante, la voz y el voto corresponden conjuntamente a obispos, presbíteros y laicos.

Resulta dolorosa la desautorización que está sufriendo el Camino Sinodal Alemán por parte del

Vaticano, con la aquiescencia del papa, máxime cuando en todo momento la Iglesia alemana ha expresado una voluntad inequívoca de comunión, y no de ruptura, con la Iglesia universal.

Es encomiable la firmeza mantenida por Georg Bätzing, presidente de la Conferencia Episcopal Alemana, que está aguantando el pulso a las presiones de Roma, manteniéndose fiel a la comunidad cristiana a la que sirve.

El Camino Sinodal Alemán, junto al Sínodo de la Amazonía, son las dos iniciativas más esperanzadoras que ha vivido la Iglesia católica en los últimos cuatro años. Están abriendo camino y anticipando el nuevo tiempo que, más pronto que tarde, debe abrirse paso en la Iglesia, si verdaderamente quiere ser la comunidad que anuncia y no oculta la buena noticia del Evangelio.

Frente a los que me preguntan qué pinto en esta Iglesia, yo les digo que en esta Iglesia, con todas sus imperfecciones, he descubierto el mayor tesoro, Jesús el Cristo, que da pleno sentido a mi vida. La alternativa, por tanto, no pasa por «montar» una Iglesia paralela, sino por transformarla desde dentro y desde abajo. Como dice Congar: «No hay que hacer otra Iglesia, sino una Iglesia otra, distinta».

JMG: Y tú, ¿qué preguntas les formulas a tus compañeros ateos o agnósticos referidas a lo que decimos cuando decimos «Dios»?

JML: No me satisface en absoluto la posición de un ateísmo o agnosticismo que, sostiene, que va siendo hora de dar muerte a la idea de Dios y de asumir de una vez por todas que no hay más realidad que la realidad finita. Una finitud que hay que aceptarla con paz, sosiego y de forma aproblemática. Lo siento, pero a mí esta explicación no me deja en modo alguno satisfecho.

Me dicen quienes sostienen esta postura que no existe lo que no puede ser verificado empíricamente. Y, por tanto, debemos arrojarlo al cubo del «no saber», de la mitología, de lo irracional, de lo subjetivo.

Me parece un error de bulto reducir lo real a lo empíricamente comprobable. Como si solo lo material fuese lo único verdadero por el mero hecho de ser objetivo, determinado y concreto.

La realidad no se puede reducir a ni confundir con la materia. El amor, la libertad, la belleza, Dios, son realidades que trascienden lo material. De hecho, son la clave que explica y decanta las principales decisiones que toma una persona a lo largo de su vida.

Conocemos de su existencia a través de sus transparencias, huellas, murmullos y señales, en nuestro día a día, en el cosmos, en la historia, en la biología... Signos que tú mimo señalas en tus libros cuando dices que «alimentan la confianza en un futuro en plenitud, en la existencia de un destino y de una verdad final que se van anticipando en el devenir histórico». Eso sí, sin confundir la transparencia con su realidad misma. Dios es mucho más que su transparencia.

En dicho diálogo sobre la existencia de Dios suelo referirme a la contemplación de ese universo grandioso, inabarcable y bello como ninguna otra cosa.

Les pregunto si esa realidad sobrecogedora, por majestuosa y solemne, que es la naturaleza o el firmamento no los lleva a preguntarse por el Ser superior, se le llame como se le llame, que lo ha creado, pensado o planificado.

Me reconocen que, en esa contemplación, al igual que el filósofo francés André Comte-Sponville, han experimentado una paz, serenidad, alegría y una felicidad inmensas. Que les gustaría que esos momentos y esa experiencia gozosa se pudieran perpetuar durante toda su existencia.

Sin embargo, no tienen la necesidad de trascender en la búsqueda de un Ser superior, hacedor de todo cuanto existe. A eso le llaman «infantilismo» y «escapismo». Me dicen: «Disfrútalo, saboréalo...», y punto. Se sienten cómodos en la inmanencia. Esa experiencia, dicen, no los proyecta al misterio ni es transparencia de algo o de Alguien –Dios– o a lo que tú sostienes cuando hablas de Dios como «primera Causa eficiente e incausada; Inteligencia originaria, creativa y teleológica».

Cuando muestro la discrepancia, me señalan, de modo relativista, que todas las opiniones son legítimas; a lo que les contesto que serán legítimas, pero no igualmente consistentes desde el punto de vista racional.

Les digo que respeto su experiencia, pero no me convence su explicación. Fundamentalmente, porque instalarse exclusivamente en la experiencia supone mutilar la razón.

La explicación atea o materialista renuncia a aplicar el principio de causalidad. Preguntarse por el porqué de las cosas es un principio fundamental en todo saber moderno que quiera aportar una explicación racionalmente fundada y que pretenda ser tenido en consideración por la comunidad científica.

Una cosa es describir la realidad y otra explicarla. Es decir, preguntarse por el porqué del conjunto de evidencias antropológicas, históricas, astrofísicas y protobiológicas.

Nunca me ha convencido la explicación de que las cosas son así «porque sí». Esto supone convertir al ser humano en un ser unidimensional que solo es capaz de explicar la realidad de un modo descriptivo o científico-empírico. Es como si a un pájaro se le mutilaran sus alas impidiéndole volar por encima del suelo. Los ateos y agnósticos se colocan unas «gafas con cristal negro» que les impide ver la proyección del Infinito en las realidades contingentes. Si alguna característica tiene la razón, es que es capaz de ir más allá de lo tangible.

Les suelo comentar a mis compañeros ateos y agnósticos que en la contemplación de las maravillas del universo y de la naturaleza se quedan en los efectos –placer, sosiego...–, pero renuncian a analizar las causas, es decir, a buscar realidades fundantes que expliquen y «sostengan» una explicación consistente desde el punto de vista racional.

W. Pannenberg señalará, como muy bien sabes tú, que la verdadera alienación la padece el ateísmo, por autolimitarse y autoincapacitarse a la hora de comprender en profundidad el verdadero sentido y fundamento del ser humano, del cosmos y de la historia.

JMG: ¿Cuáles son los términos de tu diálogo con ellos sobre la presencia pública de la religión en una sociedad laica o aconfesional?

JML: Algunos ateos, no todos, son militantes laicistas que quieren borrar el hecho religioso de la vida pública. A algunos de ellos he tenido la ocasión de interpelarlos sobre su actitud excluyente y antidemocrática. Están reproduciendo los mismos esquemas del confesionalismo que padecimos bajo el régimen franquista. Su lema era: «Ateos y rojos, enemigos de la patria». Una posición que quería imponer una determinada confesión religiosa al conjunto de la sociedad.

Por el contrario, la proclama: «La religión a la sacristía», reproduce el mismo esquema fundamentalista y autoritario que subyacía en el confesionalismo católico.

Pero hay más. También les suelo decir que una sociedad sin espiritualidad es como una casa sin cimientos.

No entiendo, por ejemplo, el empeño obsesivo de estos sectores laicistas por sacar la religión de las escuelas. El ámbito escolar debe educar de forma integral en todas las dimensiones del ser humano. Y una de ellas, indiscutible, es la dimensión religiosa. Otra cosa bien distinta es debatir el enfoque que debería tener la enseñanza religiosa en los centros educativos. Creo que habría que replantear la presencia de este saber humano dentro de las aulas. La «catequesis» debe ser propia de las parroquias, mientras que los centros de enseñanza deben ocuparse de la parte «cultural» (fenomenología del hecho religioso, historia de las religiones...). Una educación religiosa que debe ayudar a elevar el «suelo» ético del que tan necesitada está nuestra sociedad.

En una sociedad democrática, laica y pluralista, todas las opciones deben tener plena legitimidad para concurrir en pie de igualdad en la plaza pública. Y, por supuesto, la Iglesia católica tiene todo el derecho a expresar sus opiniones, aunque no se esté de acuerdo con ellas sobre cualquier asunto en el que esté en juego el futuro de la humanidad y del planeta.

Lamentablemente, se echa en falta, aunque incomode a los poderosos, una mayor presencia pública de Iglesia, en clave profética, que defienda con radicalidad la dignidad humana y que denuncie las vulneraciones de los derechos más elementales por parte de un sistema capitalista depredador que se basa en la obtención del máximo beneficio y en la acumulación, sin límite, de ganancias en pocas manos.

JMG: En general, en el medio político en el que te mueves, ¿se está pasando de la beligerancia a la indiferencia?
JML: He militado en organizaciones políticas y sindicales compuestas mayoritariamente por personas alejadas de la Iglesia, cuando no abiertamente hostiles.

Desde siempre he mostrado sin tapujos ni ambigüedades mi identidad cristiana y mi pertenencia a la HOAC.

El capitalismo está generando una (in)cultura materialista y consumista que se nos introduce hasta el tuétano. Por eso, todo lo que signifique «elevarse» sobre esta visión hacia realidades no tangibles, abrazando por la fe otras dimensiones de la existencia, es vista como contraria a la madurez de la razón y del progreso humano. Se ha interiorizado la falsa creencia de que negar a Dios es reafirmar al ser humano y apostar por el desarrollo de las civilizaciones.

En este contexto, es muy frecuente encontrarte con creyentes que viven una fe vergonzante y acomplejada bajo el temor a ser acusados de ignorantes y «meapilas».

De ahí que, en el diálogo con mis compañeros ateos o agnósticos, he querido poner siempre de manifiesto que tanta fe tenemos los creyentes como los no creyentes. Unos creemos que existe Dios. Los otros creen que no existe. Nadie puede demostrar su postura desde una perspectiva empírica o científica.

En los últimos años he ido percibiendo una evolución en los sectores que se situaban en el ateísmo militante, que mostraban una enorme beligerancia ante todo lo que sonara a «cosa espiritual». Estaban instalados en la visión de la religión como «opio del pueblo». La religión, según esta concepción, sería una creación de las clases dominantes para que las clases dominadas acepten resignadamente –el mundo como «valle de lágrimas»– las penurias, explotación y dominación a las que se ven sometidas. Bajo la promesa que serán compensadas y premiadas generosa y abundantemente en la vida eterna (el cielo).

Esta afirmación ha quedado superada por la praxis de tantos cristianos –hombres y mujeres– a lo largo y ancho del mundo. La entrega de tantos, hasta dar la vida en muchos casos, se explica desde la adhesión a un Dios que es amor y que tiene un proyecto de fraternidad y de salvación para la humanidad, con una identificación especial con los empobrecidos y crucificados. Los movimientos y organizaciones de solidaridad y de defensa de los derechos humanos, ya sean contra la exclusión, la pobreza o las guerras o en favor de la igualdad, el medio ambiente, las minorías étnicas, los inmigrantes…, no se entienden sin la presencia y el trabajo entusiasta de tantos seguidores de Jesús.

Se dice que, en los conflictos armados, cuando hay que evacuar al personal extranjero, por el riesgo que corren sus vidas, son los misioneros y misioneras los que se niegan a salir, decidiendo correr la misma suerte que las poblaciones autóctonas.

¡Para que algunos les vengan a decir que la religión es el «opio del pueblo»! Serán otro tipo de «adulteraciones» del Evangelio, convenientemente financiadas desde los poderes económicos que dominan el mundo, los que buscan neutralizar el verdadero mensaje de liberación que implica el seguimiento de Jesús de Nazaret.

Pero, respondiendo a la pregunta que formulas, sí. Se podría decir que se ha producido un tránsito de la beligerancia a la indiferencia. Tal vez porque estos sectores laicistas, entre los que me muevo, hayan percibido que ha decaído la «amenaza» de la religión, en la medida en que se está diluyendo como un azucarillo, fruto de la secularización dominante en Occidente y de la negativa a transformar un modelo de Iglesia obsoleto que ahuyenta a los sectores más dinámicos de nuestra sociedad.

JMG: Según tu experiencia, ¿es posible un compromiso político como cristianos sin vinculación eclesial o comunitaria, es decir, por libre?

JML: Desde mi experiencia, me parece fundamental contar con un espacio eclesial en el que compartir, discernir y contrastar la fe y la vida, sea en grupos de referencia, comunidades o movimientos apostólicos. Especialmente en el caso de cristianos y cristianas con un compromiso político, en partidos, sindicatos u otro tipo de organizaciones o mediaciones seculares.

Sabemos que, si no regamos la planta, esta acabará secándose. Lo mismo sucede con la identidad cristiana. En el mejor de los casos, se irá transformando más en una ideología que en una experiencia de encuentro con el Dios de Jesús, que ilumina el quehacer y el acontecer diario.

Es importante el discernimiento comunitario sobre muchas situaciones contradictorias que se nos van presentando en la lucha política. Al mismo tiempo, sabemos que salir a las periferias supone renunciar a la «estufa» de los compromisos intraeclesiales y dejar las zonas de confort que supone compartir espacio con los que piensan como nosotros. La lucha por la justicia en las organizaciones de las que se ha dotado el pueblo supone experimentar no solo, pero también, la incomprensión, la descalificación, la ingratitud, las luchas internas entre compañeros... Tener un equipo, en mi caso la HOAC, es imprescindible para alimentar el fundamento y la espiritualidad para mantener viva la ilusión y la motivación última –el seguimiento de Jesús– que da sentido a nuestra entrega y militancia política.

Saberse escuchado, acogido, arropado, acompañado, y en ocasiones interpelado, es la clave para combatir la pérdida de «frescura»; para evitar las «pájaras» y no acabar «quemado» en el compromiso; para relativizar y poner en otra dimensión situaciones y problemas que nos bloquean; para encontrar luz ante encrucijadas que se nos presentan; para mantener la sonrisa y el buen humor; para recuperar la senda cuando nos hemos desviado del camino –incoherencias, contradicciones...–, y para descubrir cuál es la voluntad de Dios. Es la «célula» que todo militante debería tener.

No hay que olvidar que es muy poderosa la fuerza de la (in)cultura y de los antivalores del capitalismo. Estoy de acuerdo con Jose Ignacio González Faus cuando constata que «estamos viviendo un cambio de época que va generando no solo templos vacíos, sino almas vacías».

Contar con un equipo o comunidad es el mejor antídoto para no sucumbir y no dejarnos arrastrar por esa poderosa corriente que va en la dirección contraria de la nueva humanidad que queremos construir. En palabras del papa Francisco, ese ámbito comunitario sería un hospital de campaña donde «cargar pilas» y «curar las heridas» para regresar al lugar donde se juega el futuro de la humanidad, especialmente de los crucificados de este mundo. ¡Cuántos militantes he conocido que se han quedado en el camino y que han tirado la toalla! Hoy han sido engullidos por las garras –y son carne de cañón– del pesimismo, apatía, individualismo o consumismo.

JMG: Aunque este asunto excede el objetivo del libro, escuchándote no me resisto a formularte esta pregunta: si se convocara un encuentro de cristianos en la política, como se ha hecho en alguna otra ocasión, ¿sobre qué puntos sería posible un cierto grado de entendimiento?

JML: Sería ingenuo pensar que por el hecho de compartir una misma fe va a ser posible acordar y consensuar análisis, estrategias o tácticas sobre la coyuntura o sobre las mejores respuestas que dar desde la política ante las diferentes problemáticas que nos afectan en el ámbito más cercano o en el más global.

Como bien sabemos, del Evangelio no se derivan soluciones concretas y técnicas a los retos y desafíos que tiene nuestra sociedad. Ni en este tiempo presente ni en ningún tiempo pasado.

De ahí que, afortunadamente, no hayan cuajado los intentos e impulsos, desde determinadas instancias eclesiales, en los primeros años de la transición española, al igual que en otras latitudes, de poner en marcha la Democracia Cristiana como la opción política más coherente con la fe cristiana y que deberían abrazar los cristianos.

De la misma manera, en el otro extremo, e igual de rechazable, está la situación actual, según la cual parece que cualquier opción o compromiso político, pluralismo indiscriminado, es aceptable para un miembro de la comunidad cristiana.

Lo que podemos compartir los creyentes que, perteneciendo a diferentes opciones políticas y sindicales, proclamamos la misma identidad cristiana es un conjunto de criterios de discernimiento político derivados del Evangelio que nos permiten dialogar y contrastar desde la pluralidad, no indiscriminada; reconociendo que, sobre la base de esos mismos criterios, pueden darse ante una misma problemática diferentes respuestas desde la política, siendo todas ellas legítimas.

Algunos de estos criterios o principios que podemos compartir los cristianos, más allá de las diferentes opciones políticas, serían:

– La dignidad de la persona (la política como instrumento para la realización del ser humano).

– La sociabilidad de la persona y su vocación a la comunión social (la comunión como fin de la actividad política).

– La solidaridad con los empobrecidos (la lucha contra la pobreza como centro de la acción política).

– El destino universal de los bienes –la función social de la propiedad– y la propiedad a la medida del ser humano.

– El bien común como fundamento y sentido de la comunidad social y política.

– La solidaridad y subsidiaridad como principios reguladores de la vida social y política.

– La participación, la persona como sujeto responsable de la vida política; el cuidado de la creación.

Desde mi punto de vista, para un seguidor de Jesús no todas las opciones son asumibles y coherentes con esos criterios de discernimiento, aunque se santigüen y vayan mucho a misa, y aunque cuenten con el apoyo entusiasta de una parte de la jerarquía de la Iglesia.

Me refiero a opciones políticas o sociales que niegan la violencia machista, que criminalizan la inmigración y a los inmigrantes, permitiendo su muerte y explotación; que niegan el cambio climático; que defienden la propiedad privada con carácter absoluto e incondicionado, aunque sea al precio de impedir el acceso a las necesidades básicas –pan, techo y trabajo– de amplias capas de la sociedad; que defienden un sistema de producción y consumo capitalista de carácter productivista, generador de pobreza y desigualdad, depredador del medio ambiente y que pone la obtención de beneficios sin límites por encima de las necesidades de las personas.

JMG: Volvamos a nuestro asunto. ¿Qué luces y sombras detectas en el libro _Ateos y creyentes. Qué decimos cuando decimos «Dios»_?

JML: El libro _Ateos y creyentes. Qué decimos cuando decimos «Dios»_, al igual que el libro que has escrito después, _Entre el Tabor y el Calvario. Una espiritualidad con carne_, me parecen dos aportaciones muy sugerentes, oportunas y necesarias.

No son libros de reafirmación de identidad, sobre la base de una adhesión ciega e irracional –por la fe o el dogma–, sino con una única apoyatura, la de un argumentario racionalmente consistente, capaz de establecer un diálogo con el pensamiento moderno e ilustrado.

Aceptas el desafío de jugar el «partido» en el terreno de juego de la razón, promoviendo un diálogo sin complejos, pero con empatía con el mundo, la ciencia, el ateísmo y el agnosticismo.

Y lo haces en un momento de repliegue intelectual de los cristianos y católicos debido a la ofensiva laicista o a las posiciones retrógradas, conservadoras o contrarias al Evangelio por parte de muchos miembros y autoridades en la Iglesia.

Estos trabajos representan una gran aportación a las posiciones creyentes, y más en concreto a la espiritualidad «jesu-cristiana» y «uni-trinitaria». Son una propuesta potente desde el punto de vista espiritual y teológico, ya que trasladas hoy a un mundo necesitado de ofertas de sentido una propuesta para nada rutinizada y manoseada.

Por una parte, estoy contigo en que el modelo teísta «jesu-cristiano» ha vivido lleno de complejos frente a un ateísmo que presumía de tener la ciencia y la razón de su lado. Llegas a sostener, cosa que comparto, que la explicación azarosa o casualista del mundo adolece de una suerte de «ociosidad o indolencia intelectual», irracionalidad o sacralización de la ignorancia. Y que representa «una tapadera bajo la que ocultar el temor a reconocer la mayor firmeza racional de la explicación deísta y teísta».

Además, sostienes, por otra parte, que las nuevas teologías y espiritualidades, que parecía que venían a desbordar y superar, según ellos, a la vieja religión anquilosada, decadente y envejecida, no logran evitar el riesgo de hacer el juego a una civilización consumista, ya que solo aceptan un Dios «a la carta» (posmoderno, líquido y «sin carne»). Es decir, «construyen» una divinidad apersonal, a su medida, para «consumo interno», que sea fuente de paz, gran consuelo y alegría (muy emotivas y tranquilizadoras). Pero señalas con claridad que son espiritualidades frías y descarnadas frente al sufrimiento y al devenir del resto de los seres humanos.

Aprecio el talante que reflejan estos dos libros que ahora comento y que resumiría en dos palabras: respeto y valentía. Partes de un diálogo discrepante y respetuoso a la vez. Haciendo autocrítica y asumiendo las interpelaciones y aportaciones de las nuevas espiritualidades. Pero sin concesiones gratuitas ni «pasteleos».

Por eso me parece que la tuya es una posición muy sólida y nada contemporizadora. Defiendes con pasión tu verdad, es decir, la mayor consistencia de la explicación deísta o teísta sobre la explicación atea. No sales a empatar el partido. Sales a ganarlo jugando al ataque con la clara voluntad de meter goles con un buen juego, es decir, con una sólida y contrastada argumentación racional y con un enorme instrumental probatorio de carácter científico.

Más que demostrar científicamente la existencia de Dios, pretensión estéril, quieres que la explicación creyente sea aceptada frente a la posición atea por la suficiente fuerza y peso de los argumentos y de las evidencias científicas.

Es de destacar, igualmente, el esfuerzo pedagógico que despliegas a través de la utilización de las numerosas parábolas que recoges en el libro y que dan una gran consistencia y convicción al hilo argumental, facilitando la comprensión en un texto denso y con abundante terminología científica.

Me parece un gran acierto que te hayas apoyado en lo que llamas «los nuevos creyentes», personas que han hecho el tránsito del ateísmo al deísmo o teísmo. Has seleccionado a tres de ellos: Antony Flew, Francis S. Collins y Clive Staples Lewis.

JMG: Perdona esta última cuestión, pero me parece que no me la puedo dejar en el tintero. Se dice que antes del Vaticano II las actitudes más cerradas al diálogo procedían de la institución eclesial, mientras que hoy provienen de algunos ámbitos ateos y, sobre todo, antiteístas. ¿Cómo valoras este parecer?

JML: A lo largo de la historia son muchas las voces que han proclamado la confrontación directa entre ciencia y religión. La primera, supuestamente avalada por hechos irrefutables, negaría la validez de la segunda, sustentada, presuponen, en falsas creencias y testimonios sin ningún rigor. Es decir, las personas más cultas y con mayor conocimiento habrían de ser, por lógica, ateas, y las personas más ignorantes e incultas no tendrían más opción que buscar refugio en deidades y grandes mentiras para dotar de sentido sus vidas. Este razonamiento no deja de ser perverso.

Implica un elitismo cultural que establece una barrera entre personas supuestamente formadas y personas presuntamente ignorantes. De hecho, se construye un mensaje que asocia religión con desconocimiento y atraso, y ateísmo, en cambio, con modernidad y ciencia. Se niega a las personas su derecho a pensar en libertad, a decidir conforme a su conciencia y a conectar con lo más profundo del ser humano: encontrar un sentido a su vida y aplicar una visión ética a todas sus acciones.

Son muchas las personas que han sido reconocidas por su gran labor en el mundo de la ciencia y, al mismo tiempo, han sido creyentes, de una u otra confesión: Pasteur, Fleming, Marconi, Ramón y Cajal... La lista sería, cuando menos, tan extensa o más que la formada por el número de hombres y mujeres que, habiendo triunfado en el mundo de la investigación, se han considerado ateas. Pero no puedo ni quiero adentrarme en este asunto. Lo dejo para Manuel J. Tello, que lo va a hacer mucho mejor y de manera más fundamentada que yo.

La religión ha estado y está presente en el mundo desde sus orígenes; el ser humano siempre ha buscado respuestas al misterio de la vida. En todas las culturas y en todo el mundo, sin excepción, la religión ha ocupado un lugar preferente.

Es cierto que los avances científicos resuelven enigmas que en otros tiempos se atribuyeron a seres sobrenaturales y a dioses.

No se debe oponer la ciencia a la religión. Abordan dimensiones diferentes de la realidad. Hubo un tiempo en que la religión, sobre la base de una interpretación fundamentalista de la Biblia, pretendió ofrecer respuestas a cuestiones que no eran de su competencia. En este momento se produce un movimiento pendular. La ciencia, desde una visión prepotente, pretende abordar cuestiones que salen de su ámbito, el de la experimentación empírica. Según Fernando Savater, solo existe la civilización científico-técnica. En la misma línea, Gonzalo Puente Ojea señala que «al no ser cognoscible Dios de manera empírica (pesable, visible, palpable, medible o tangible), había que concluir que no existía, ni era racional ni verdadero».

La ciencia investiga «cómo son las cosas» (en esto consiste el saber científico), pero no es capaz de responder al «porqué último de las cosas» (el saber filosófico y teológico). Ni la ciencia debe invadir el campo de la teología ni a la inversa. Son saberes complementarios. Con métodos cognoscitivos diferentes: la falsación para el saber científico y la argumentación racional para el saber filosófico y teológico. Concuerdo con F. S. Collins cuando sostiene que «la ciencia y la fe se fortalecen entre sí como dos pilares imbatibles que sostienen el edificio llamado Verdad».

JMG: Vayamos acabando. ¿Cuáles son las razones, racionalmente consistentes, en las que también se sostiene tu fe en Dios?

JML: Coincido con Pascal en que los argumentos a favor de la existencia de Dios son infinitamente más sólidos que los que se pueden aportar en favor de la increencia, a pesar de que el capitalismo neoliberal nos va atrofiando la dimensión trascendente y la sensibilidad religiosa o de apertura al más allá.

Ello no obsta para reconocer que, en nuestro tiempo, las evidencias científicas refuerzan la posición teísta:

– Me parece más consistente pensar en un Dios eterno que no en un mundo eterno. En la cosmología moderna existe consenso en sostener que el universo tiene un origen (hace 15.000 millones de años) y que tiene un final previsible (45.000 millones de años). Es más lógico y fuerte, desde el punto de vista racional, pensar en una causa eficiente e incausada –Dios– que apelar a una serie infinita de causas.

– Es más plausible aceptar un Dios dador de vida, con un plan para el mundo, que aceptar la explicación del azar o de la casualidad para explicar el universo.

– Tiene más fortaleza racional pensar en una Inteligencia antecedente y primera Causa eficiente e incausada que no en un universo eterno.

– Es más razonable aceptar un Dios que crea al ser humano que pensar que los seres inteligentes obedecen al simple «capricho» de la materia.

– Es más probable sostener que Dios exista sin causa alguna que defender que el universo exista sin causa alguna.

– Frente al paradigma materialista, resulta más convincente pensar que el tránsito de la materia inerte a la materia viva inteligente, en particular, a la vida humana, ha sido guiado por algo o alguien inteligente, y con capacidad para ello, que defender que la materia inerte puede dar, por sí misma y a partir de sí misma, por generación espontánea, lo que nunca ha tenido (inteligencia o naturaleza espiritual).

– Me convence mucho más pensar en una Mente infinitamente inteligente, originaria y creativa, capaz de producir el «milagro» del surgimiento, a partir de la conjunción de materia y leyes, de seres autoconscientes con conocimiento del bien y del mal.

– Me resulta mucho más satisfactorio, desde el punto de vista racional, hacerme la pregunta por el más allá o aceptar el mundo y la existencia fundados en Alguien que trasciende el desmoronamiento de la muerte y abrirse a la esperanza de un futuro en plenitud más allá de la muerte, que identificarse con un nihilismo que está instalado en el desasosiego de saber que cada día es un día menos y que se abraza desesperadamente a esta vida y a un disfrute compulsivo.

Ello no significa que el deísta o teísta, esperando el más allá, se olvide del más acá. Quiere decir, como muy bien señalas tú, que «por eso los creyentes disfrutan de lo que la vida ofrece como una anticipación de lo que nos espera más allá de la muerte [...] Un más allá concebido en términos de continuidad en la ruptura, semejante a la que existe entre el grano que se pudre en la tierra y la espiga que germina». No se trata, en definitiva, de prolongar nuestra condición actual, sino de renacer a una situación completamente nueva.

La hipótesis «Dios» cobra y tiene mucha más fuerza y consistencia racional que la contraria. Y más si, encima, tenemos en cuenta que, según las evidencias científico-empíricas, la evolución del cosmos (astrofísica) y de la vida en general (protobiología) se mueven, a la vez, bajo parámetros de regularidad (orden) y novedad o asimetría, es decir, con saltos cualitativos sorprendentes, inesperados e inexplicables a la luz de la sola ciencia.

JMG: Ahora sí que sí. Finalizamos. Gracias, Javier, por tu tiempo y, sobre todo, por tu testimonio cristiano-católico, encarnado e inculturado como pocos.

JML: Gracias a ti, Jesús, por acompañarnos en esta aventura.

ÍNDICE

COLECCIÓN CRUCE

1. *La Iglesia que quiso el Concilio*, José M.ª Castillo (3ª ed. aumentada)
2. *Al tercer día resucitó de entre los muertos*, José Ignacio González Faus (2ª ed.)
3. *Para comprender, celebrar y vivir la reconciliación y el perdón*, Dionisio Borobio
4. *Fe y biología*, Juan-Ramón Lacadena
5. *El Universo, la ciencia y Dios*, Agustín Udías
6. *Preguntas clave sobre la Biblia*, Pedro Barrado Fernández (3ª ed.)
7. *Las Navidades*, Casiano Floristán
8. *Ética de la sexualidad*, José-Román Flecha (2ª ed.)
9. *Nuestras Iglesias hermanas*, Juan Bosch (2ª ed.)
10. *La eucaristía*, M.ª Ángeles Navarro
11. *El más allá*, Andrés Tornos
12. *La Semana Santa*, Casiano Floristán
13. *Cuando la Biblia cuenta. Claves de la narrativa bíblica*, Mercedes Navarro Puerto
14. *A vueltas con el pecado. Responsabilidad, culpa, conversión*, Eduardo López Azpitarte
15. *Ética y fe cristiana en un mundo plural*, Emilio Martínez Navarro